# Sociologia das religiões

FUNDAÇÃO EDITORA DA UNESP

*Presidente do Conselho Curador*
Herman Jacobus Cornelis Voorwald

*Diretor-Presidente*
José Castilho Marques Neto

*Editor-Executivo*
Jézio Hernani Bomfim Gutierre

*Assessor Editorial*
João Luís Ceccantini

*Conselho Editorial Acadêmico*
Alberto Tsuyoshi Ikeda
Áureo Busetto
Célia Aparecida Ferreira Tolentino
Eda Maria Góes
Elisabete Maniglia
Elisabeth Criscuolo Urbinati
Ildeberto Muniz de Almeida
Maria de Lourdes Ortiz Gandini Baldan
Nilson Ghirardello
Vicente Pleitez

*Editores-Assistentes*
Anderson Nobara
Fabiana Mioto
Jorge Pereira Filho

# Jean-Paul Willaime

# Sociologia das religiões

Tradução
Lineimar Pereira Martins

© 1995 Presses Universitaires de France
© 2012 da tradução brasileira

Título original: *Sociologie des religions*

Direitos de publicação reservados à:
Fundação Editora da Unesp (FEU)
Praça da Sé, 108
01001-900 – São Paulo – SP
Tel.: (0xx11) 3242-7171
Fax: (0xx11) 3242-7172
www.editoraunesp.com.br
www.livrariaunesp.com.br
feu@editora.unesp.br

CIP – Brasil. Catalogação na fonte
Sindicato Nacional dos Editores de Livros, RJ

W677s

Willaime, Jean-Paul
  Sociologia das religiões / Jean-Paul Willaime; tradução Lineimar Pereira Martins. – São Paulo: Editora Unesp, 2012.
  Tradução de: Sociologie des religions
  ISBN 978-85-393-0265-9

  1. Religião e sociologia. I. Título.

12-5215.                          CDD: 306.6
                                  CDU: 316.74:2

Editora afiliada:

Asociación de Editoriales Universitarias
de América Latina y el Caribe

Associação Brasileira de
Editoras Universitárias

# Sumário

Introdução   9

Capítulo I – As tradições sociológicas
e o fenômeno religioso   13

I – Karl Marx (1818-1883)
e os marxismos   17

II – Alexis de Tocqueville
(1805-1859) e as virtudes da religião   26

III – Émile Durkheim
(1858-1917) e a escola francesa de
sociologia   30

IV – Georg Simmel (1858-1918) e a sociologia
da devoção   43

V – Max Weber (1864-1920) e a sociologia do
carisma   48

VI – Os funcionalismos   59

Capítulo II – Da sociologia religiosa
à sociologia das religiões   67

I – Gabriel Le Bras e a sociologia do
catolicismo   71

II – O início do Grupo de Sociologia
das Religiões do CNRS   78

III – Primeiros passos da sociologia
do protestantismo   84

IV – A prática do culto e a quantificação   88

V – A organização internacional de pesquisa
e sua desconfessionalização   97

Capítulo III – O religioso contemporâneo no
espelho da sociologia   101

I – Os "novos movimentos religiosos"   102

II – Os integralismos e os progressismos   107

III – Religiões e política   118

IV – Sincretismos e ecumenismos   126

V – As religiosidades seculares   130

VI – As mutações contemporâneas do crer nas
sociedades ocidentais   134

Capítulo IV – Religião e modernidade: a
secularização em debate   143

I – A secularização: um paradigma
questionado   146

II – A secularização:
um conceito a definir   155

III – A modernidade e seus efeitos
dissolventes   160

IV – A incerteza ultramoderna
e a religião   169

## Capítulo V – Para uma definição sociológica da religião   183

I – Definições funcionais   187

II – Definições substantivas   191

III – A religião como atividade social
e como poder carismático   194

## Referências bibliográficas   201

# Introdução

Se cada religião é um universo complexo e diversificado que se manifesta e se desenvolve no tempo e no espaço, o mundo das religiões apresenta essas características, *a fortiori*, em maior proporção. Diante de tamanha diversidade, o pesquisador das ciências das religiões vê-se obrigado a se especializar no estudo de um determinado universo religioso, pois somente uma análise rigorosa de universos religiosos particulares autoriza eventuais comparações. Contudo, a análise propriamente dita deve ser plural: historiadores, sociólogos, etnólogos, filósofos, cientistas políticos ou juristas abordam, cada um, de modo específico, seu objeto. Se, como resultado dessa multiplicidade de olhares, um mesmo universo religioso se apresenta sob diferentes perspectivas, será através das questões específicas observadas por um olhar particular que a totalidade dos universos religiosos poderá ser apreendida.

O destaque, aqui, é dado não às *religiões*, mas à sua *sociologia*. Em outras palavras, não será feita, neste livro, uma apresentação dos principais universos religiosos existentes, mas do modo como se construiu, progressivamente, através de uma pluralidade de olhares, um campo de estudo particular: a *sociologia das religiões*. Como os primeiros sociólogos abordaram os fatos religiosos, como se elaborou pouco a pouco o olhar sociológico sobre as religiões e como os sociólogos contemporâneos analisam a situação religiosa atual, essas são algumas das questões que serão abordadas nesta obra – a qual, dentro de seus limites e apesar da natureza ambiciosa do programa proposto, pretende ser apenas uma introdução à sociologia das religiões.

Há excelentes introduções em inglês.[1] Em francês, podemos mencionar O. Bobineau e

---

[1] Ver McGuire, *Religion: The Social Context*; Christiano; Swatos Jr.; Kivisto, *Sociology of Religion: Contemporary*

Sociologia das religiões

S. Tank-Storper que, em seu livro *Sociologie des religions* [Sociologia das religiões] (2007), exploram esta disciplina partindo das relações estabelecidas entre religião e modernidade.[2] Em *Sociologies et religion: approches classiques* [Sociologias e religião: abordagens clássicas] (2001), D. Hervieu-Léger e J.-P. Willaime apresentam a análise do fenômeno religioso feita pelos "pioneiros" da disciplina.[3] E. Dianteill e M. Löwy deram continuidade a este estudo apresentando em seus livros *Approches dissidentes* [Abordagens dissidentes] e *Approches insolites* [Abordagens insólitas] a análise de autores menos conhecidos.[4] O *Dictionnaire des faits religeux* [Dicionário dos fatos religiosos], publicado por Régine Azria e Danièle Hervieu-Léger (2010), mostra como, tomando diversos caminhos, o fenômeno social que é o religioso pode ser apreendido pelo prisma das ciências sociais.[5] Em vez de

---

    *Developments*; Beckford; Demerath (orgs.), *The Sage Handbook of the Sociology of Religion*.

[2]    Bobineau; Tank-Storper, *Sociologie des religions*.

[3]    Hervieu-Léger; Willaime, *Sociologies et religion: approches classiques*.

[4]    Dianteill; Löwy, *Sociologies et religion: approches dissidentes*; Id., *Sociologies et religion: approches insolites*.

[5]    Azria; Hervieu-Léger (sob a direção de), *Dictionnaire des faits religieux*.

efetuar sua análise partindo de uma definição preconcebida de seu objeto, a abordagem sociológica do religioso deve integrar constantemente em seu estudo, como o ressalta J. A. Beckford,[6] o modo através do qual uma sociedade define o religioso. Relações complexas são estabelecidas entre as construções *sociais* do religioso (as delimitações sociais do que é e do que não é religioso) e as construções *sociológicas* do religioso (a maneira como são delimitados os objetos de estudo e como os mesmos são analisados).

Após ter examinado o modo como alguns autores clássicos da sociologia abordavam os fenômenos religiosos (capítulo I) e como a abordagem sociológica evoluiu de uma sociologia assumidamente marcada para uma sociologia laica das religiões (capítulo II), consideramos o modo como a sociologia contemporânea analisa as evoluções religiosas atuais (capítulo III). O que nos leva, em seguida, a dois problemas essenciais da sociologia das religiões: o debate sobre a secularização e as relações existentes entre modernidade e religião (capítulo IV); e a questão da definição sociológica da religião (capítulo V).

---

[6] Beckford, *Social Theory and Religion*.

## Capítulo I
# As tradições sociológicas e o fenômeno religioso

O nascimento da sociologia como ciência não pode ser dissociado dos questionamentos ligados ao futuro do religioso nas sociedades ocidentais. Seria impossível para os primeiros sociólogos, ao tentarem entender a emergência da sociedade moderna, não se deparar com o fenômeno religioso. A sociologia das religiões nasceu, efetivamente, no âmago das questões sociológicas sobre a modernidade e todos os grandes fundadores da disciplina (a começar por Durkheim e Weber) propuseram uma análise sociológica dos fenômenos religiosos. No centro de sua investigação: a sociedade moderna e as mudanças profundas que afetaram o religioso.

O peso que a crítica racionalista exerceu sobre a religião foi muito importante, principalmente na França, devido ao modo como a sociologia das religiões surgiu nas ciências sociais. A influência dessa crítica racionalista foi, no mínimo, paradoxal. Pois ao mesmo tempo que tentava explicar as religiões de um modo profano, o pensamento sociológico da religião rompeu, como constatou R. A. Nisbet,[1] com a abordagem redutora dos filósofos das Luzes. Estes, apesar de reconhecerem a utilidade social da religião, consideravam-na, principalmente, como a manifestação da ausência da razão. Contudo, ao mostrar a importância da religião no funcionamento de uma sociedade, o pensamento sociológico contribuiu com a reabilitação do religioso, mesmo que, algumas vezes, reproduzisse os esquemas redutores que criticava.

Apesar de os fundadores da sociologia terem frequentemente agido como moralistas que tentavam, em sua reflexão, reconstruir a ordem social que havia sido desorganiza-

---

[1] Nisbet, *La tradition sociologique*.

Sociologia das religiões

da pela revolução industrial e política, eles retomaram, ao mesmo tempo, preceitos da filosofia das Luzes e da crítica racionalista ao proporem uma abordagem científica da religião. Essa apropriação da religião como objeto da ciência foi repetidamente marcada pelas abordagens reducionistas que tendiam a considerar o religioso apenas como uma variável dependente que poderia ser explicada por diversas outras variáveis. Como se as religiões não possuíssem conteúdo simbólico próprio. A crítica racionalista da religião tenta, assim, explicar as representações e as práticas religiosas por meio de diversos fatores, sejam eles antropológicos (Feuerbach), econômicos (Marx), psíquicos (Freud) ou sociais (Durkheim). Essas abordagens, muitas vezes, acrescentaram uma crítica ideológica ao estudo científico das religiões fundada sobre um projeto de reforma social, propondo, inclusive, uma verdadeira concepção alternativa do homem e do mundo.

Poder analisar os fenômenos religiosos como fatos sociais pressupunha uma secularização do saber sobre a sociedade: a emergência de uma análise científica das religiões é inseparável de uma evolução social global, marcada pela perda da função totalizante da religião. O advento das "ciências religiosas" foi, então, associado a um processo de secularização que permitiu, não sem conflito, a institucionalização dos espaços de elaboração de saberes independentes sobre a religião.[2]

Apesar das afinidades positivistas existentes entre alguns autores e os parentescos românticos de outros, e mesmo se determinados pesquisadores tendem a reduzir seu objeto ou se fascinam por ele, as tradições sociológicas desenvolveram pouco a pouco uma maneira específica de abordar os fenômenos religiosos, ou seja, adotaram um modo particular de transformá-los em objeto de observação e análise. Para apreendermos esse olhar, devemos, primeiramente, resgatar a escola de alguns sociólogos "clássicos".

---

[2] Ver Baubérot et al., *Cent ans de sciences religieuses en France*; e Poulat, *Liberté, Laïcité: la guerre des deux France et le principe de la modernité,* parte III.

# I – Karl Marx (1818-1883) e os marxismos

Mesmo se, como afirmou Henri Lefebvre, "Marx não é sociólogo", constata-se, contudo, uma sociologia no marxismo. E essa sociologia, quaisquer que sejam seus limites, constitui uma importante contribuição à sociologia das religiões. Nos escritos de Marx, a crítica política e filosófica da religião predomina, frequentemente, sobre a análise da religião como um fato social. Contudo, os elementos de análise veiculados por essa crítica inspiraram diversas abordagens sociológicas do fenômeno religioso. Apenas uma resposta se impunha à crítica política feita à religião como sendo "o ópio do povo": a análise sócio-histórica dos efeitos políticos da religião. Ora, tal análise mostra que, na época de Marx em particular, a religião era usada como suporte aos poderes instituídos e que muitos sermões e discursos religiosos incitaram os operários a se contentar com o que tinham. Certa conspiração entre as autoridades religiosas estabelecidas e a burguesia da sociedade era evidente.

Porém, ao se centrar na função pacificadora do cristianismo, Marx subestimou sua função contestadora, sua capacidade de veicular a revolta contra os poderes estabelecidos. Ao declarar que "a miséria religiosa representa, por um lado, a expressão da miséria real e, por outro lado, o protesto contra a miséria real", esse autor reconhece a dimensão contestadora da religião mas, ao mesmo tempo, parece não levá-la a sério ao afirmar que a religião é "a felicidade ilusória do povo", admitindo que em certas circunstâncias ela poderia, efetivamente, contribuir com a "felicidade real" do povo. Os efeitos políticos de uma ideologia, seja ela política ou religiosa, raramente são unívocos. Uma das grandes ironias da história é constatar que das próprias forças religiosas dos países do Leste Europeu surgiu a revolta contra um marxismo esclerosado que se transformou em doutrina de Estado. Influenciado por sua crítica política, Marx atribuiu um papel de "ópio do povo" à essência do cristianismo sem analisar a lógica intrínseca dessa tradição religiosa.[3] Se

---

[3] Foi a extrema importância dada à lógica interna do catolicismo que permitiu Poulat mostrar que, apesar de algumas alianças, existia um antagonismo profundo entre a Igreja católica e a burguesia liberal (ver Poulat, *Église contre bourgeoisie*).

Marx tivesse feito tal análise, teria percebido que, em determinadas circunstâncias, o cristianismo é, também, capaz de incitar o povo a um protesto social e deslegitimar a ordem estabelecida.

Os pressupostos filosóficos da abordagem de Marx comprometeram sua análise. De fato, ao considerar a religião como uma realidade superestrutural tendo pouca autonomia com relação à base material da vida social, Marx não pensou a religião como um sistema simbólico autônomo, como havia feito com o político. Por isso, nas suas análises, percebe-se uma redução do religioso a seus efeitos sociopolíticos observáveis aqui e lá. A crítica racionalista da religião adquire, desta forma, uma enorme importância. Se a religião é uma pura ilusão associada à alienação do homem capitalista, fica difícil atribuir-lhe uma consistência de fenômeno social.

*Friedrich Engels (1820-1895)* foi ainda mais longe do que Marx na análise do fenômeno religioso ao propor uma interpretação global da evolução da religião. No início, nas sociedades que precederam às divididas em classes, existia o que Engels chama de "religiões naturais" ("como o animismo dos negros ou a religião primitiva dos arianos", afirma) que se constituíram, segundo ele, sem a "impostura" dos padres, e que H. Descroche considera como sendo oriundas da *"ignorância* do homem diante da natureza e não da *frustração* na sociedade".[4] Para Engels, seria inútil tentar encontrar causas econômicas a tais "religiões naturais", pois as falsas representações da natureza seriam, justamente, segundo ele, os fatores responsáveis pelo baixo índice do desenvolvimento econômico dessas sociedades. Observação importante feita por um autor marxista, pois ressalta a influência exercida pelas representações, ao admitir que não há apenas causas socioeconômicas para o sentimento religioso.

Engels acredita que, para explicar a gênese e o futuro da religião, não é suficiente declarar que esse fenômeno seria "uma rede de absurdos fabricada por impostores". Deve-se, acima de tudo, analisar as condições sócio-históricas de sua emergência e explicar por que ela obteve tanto sucesso. É o que ele tenta fazer em relação ao cristianismo, posicionando a emergência do que lhe parece ser a "primeira religião universal" em um con-

---

[4] Desroche, *Marxisme et religions*.

Sociologia das religiões

texto de profunda desintegração econômica e sociopolítica.

Surpreso pelo fato de o cristianismo ter arrebatado as massas, Engels faz um paralelo entre o cristianismo primitivo e o socialismo. O cristianismo se apresenta, aos seus olhos, como um "socialismo" adaptado à sua época, um "socialismo" que representou um movimento de oprimidos portando uma mensagem de liberação e que foi, ao mesmo tempo, vítima de persecução tal qual o socialismo na era industrial. Tanto o cristianismo quanto o socialismo revelam, na concepção de Engels, o poder social das ideologias quando, ambos, impregnando as consciências, tornam-se forças coletivas.

Devemos também à Engels uma análise em termos de classes dos conflitos religiosos do século XVI na qual ele distingue "o campo católico ou reacionário, o campo luterano burguês-reformador e o campo revolucionário" (encarnado por Thomas Münzer e as massas plebeias ou camponesas). Por meio desta análise, Engels mostra-se atento às dimensões sociopolíticas incontestáveis dos conflitos religiosos do século XVI, mas ao mesmo tempo os reduz a simples conflitos de classes que se expressariam sob a "máscara" da religião. Como se os sistemas religiosos não pudessem também possuir uma lógica própria. Na mesma linha de pensamento de Engels, Karl Kautsky (1854-1938) se interessa pelas origens do cristianismo, em particular por algumas manifestações religiosas da Idade Média e da Reforma, interpretando-as como movimentos pré-comunistas vestidos de uma "roupagem" ou de um "envelope" religioso.

Apesar de suas debilidades, a abordagem marxista constitui uma importante contribuição à sociologia das religiões. Introduz três problemáticas interessantes para a pesquisa: uma problemática do desconhecimento, uma problemática da instrumentalização política do religioso e uma problemática das classes sociais. A problemática do desconhecimento possibilita um questionamento sobre os efeitos do conhecimento e do desconhecimento das visões religiosas do homem e do mundo na visão do mundo social. A problemática da instrumentalização política do religioso se centra sobre a utilização dos sistemas simbólicos nas relações sociais de dominação e de legitimação do poder. E, enfim, a problemática das classes sociais convida

Sociologia das religiões

ao exame das diferenciações das práticas e mensagens religiosas em função do meio social. Religião burguesa, religião das classes médias, religião dos oprimidos, as oposições de classe cruzariam, assim, os mundos religiosos, dando, a cada tradição religiosa, uma aparência distinta. Max Weber retomará essa questão de uma forma mais matizada ao mostrar as afinidades eletivas existentes entre um determinado tipo de religiosidade e um determinado meio social.

De Marx, o mais importante a reter é a primazia dada ao ponto de vista macrossociológico. No que diz respeito à análise dos fenômenos religiosos, isto significa que todo grupo religioso, seja ele minoritário ou não conformista, inscreve-se na economia global das relações sociais que caracterizam uma sociedade.

O marxismo é plural, e a posteridade de Marx e de Engels teve múltiplas faces. No estudo da sociologia das religiões, ressaltaremos, em particular, a contribuição de *Antonio Gramsci* (1891-1937), sem dúvida um dos teóricos marxistas que mais se interessou pela questão religiosa. Diante da realidade italiana caracterizada pela grande influência que o catolicismo exercia sobre as massas (particularmente sobre os camponeses), Gramsci não se furtou a fazer uma análise mais profunda do fenômeno religioso, e em particular do catolicismo. Essa análise se impunha, principalmente, como reação ao economicismo marxista e pela importância que Gramsci atribuía ao poder intelectual e ao papel da ideologia em sua análise da sociedade capitalista.

Mesmo fiel ao esquema marxista de explicação dos fenômenos religiosos em seus marcos gerais, Gramsci vai além de Marx e Engels em sua análise. Ele não se contenta em estudar a função social exercida pela Igreja católica em diferentes épocas; analisa também a Igreja como aparelho ideológico do Estado, e a apresenta como a estrutura interna do bloco religioso, observando as relações clero-laico e as diferentes correntes que atravessam o catolicismo. Gramsci não esconde sua surpresa pela solidez do aparelho ideológico constituído pela Igreja católica e pelo exemplo que ela fornece da relação intelectuais-massas. Ele estima, contudo, que na era moderna o catolicismo se encontra ameaçado pelo próprio marxismo em sua função de controle das massas, o que, para Gramsci, representa uma verdadeira "reforma intelectual e moral", digna herdeira das reformas religiosas que iria ainda mais longe, ultrapassando-as. Gramsci propõe, além disso, a retomada dos métodos de propaganda e de controle usados pela Igreja católica para a conversão das massas ao marxismo; "as classes subalternas deverão receber uma nova ideologia com fé, até serem capazes de entenderem-na racionalmente", observa Hugues Portelli.[5]

Alguns autores marxistas reconhecem os limites e os erros de Marx com relação à religião. Na França, por exemplo, Michèle Bertrand afirma que os fundadores do marxismo se enganaram ao prever o fim iminente da religião: "Na medida em que as bases do sentimento religioso não são exclusivamente de origem social, a hipótese de uma permanência da religião (como expressão da consciência) não deve ser excluída".[6]

---

[5]   Portelli, *Gramsci et la question religieuse*.
[6]   Bertrand, *Le statut de la religion chez Marx et Engels*, p.184-5.

## II – Alexis de Tocqueville (1805-1859) e as virtudes da religião

Mesmo que não tenha produzido uma obra específica dedicada à religião, Tocqueville merece ser incluído na lista dos "clássicos" da sociologia das religiões. Ao observar, com perspicácia, a vida social e política norte-americana, ele ressalta em *A democracia na América* (1835 e 1840) o importante papel exercido pela religião na formação e no desenvolvimento da democracia nesse país. Essa experiência o levou a determinadas considerações sobre a relação entre democracia e religião, abrindo novas perspectivas que são, algumas, surpreendentemente atuais. Primeiramente, Tocqueville ficou admirado pela vitalidade religiosa que se manifestava na sociedade norte-americana, que vai de encontro aos que afirmavam que o advento da sociedade democrática moderna conduziria ao recuo da religião, como se o fervor religioso recuasse, necessariamente, "na proporção em que o progresso das Luzes e da liberdade se expandisse". Ao contrário, afirma Tocqueville, "na América, é a religião que leva à luz; é a obediência às leis divinas que conduz o

## Sociologia das religiões

homem à liberdade". Essa abordagem representa uma mudança radical de perspectiva com relação à abordagem marxista que associava a religião à dominação sociopolítica e à alienação das massas. Ela desorganiza, também, a oposição clássica entre modernidade e religião devido à ênfase com a qual Tocqueville defende o papel exercido pela religião na elaboração do ideal democrático, de acordo com as teorias dos puritanos fundadores da América.

Não somente a América se caracterizava por uma dinâmica religiosa evidente, mas o "espírito da religião" e o "espírito da liberdade" pareciam caminhar juntos. A religião se manifestava, naquele contexto, como uma contribuição e não como um obstáculo à democracia moderna. Essa sociedade moderna que, caracterizada pelo individualismo e pela igualdade das condições sociais, poderia sentir-se ameaçada em sua coesão, encontrava sua coerência em um fundo religioso comum, que revelava, em cada um, o "espírito público", fornecendo-lhes uma disciplina moral. Se a religião educa à responsabilidade social e compensa o individualismo, para Tocqueville ela se afirma como socialmente necessária:

Para que haja sociedade e, principalmente, para que essa sociedade prospere, é importante que o espírito de todos os cidadãos caminhem sempre juntos e se mantenham reunidos por um conjunto de ideias diretoras; e este estado de coisas somente poderia se realizar se cada cidadão alimentasse suas opiniões em uma mesma fonte e consentisse em aderir a apenas um determinado número de crenças já existentes.[7]

E se os homens não pudessem viver sem "crenças dogmáticas", as mais desejáveis seriam, segundo Tocqueville, as crenças dogmáticas religiosas:

Ao adotar ideias fixas sobre Deus, sobre sua alma, sobre seus deveres gerais para com o criador e seus semelhantes, os homens abraçam um interesse comum; pois qualquer dúvida sobre os primeiros aspectos citados poderia engendrar o abandono de suas ações ao acaso e as condenaria, de um certo modo, à desordem e à impotência.[8]

---

[7] Tocqueville, *De la démocratie en Amérique*, v.II, p.224.
[8] Ibid., p.228.

Tocqueville afirmará inclusive:

> Eu duvido que o homem possa suportar, ao mesmo tempo, uma completa independência religiosa e uma total liberdade política; eu sou levado a acreditar que, se o homem não tem fé, ele deve servir; e se ele é livre, ele deve crer.[9]

Ao apreender, desde o início, a religião como "a primeira das instituições políticas nos Estados Unidos", Tocqueville questionava o problema central da dimensão religiosa do político e desvendava os efeitos antitotalitários que a religião poderia exercer. Ao afirmar que a modernidade e a religião podem conviver pacificamente, o autor abria novos caminhos para as pesquisas sobre a "religião civil" e respondia, de antemão, a todos aqueles que estabeleciam uma correlação entre modernização e o declínio do religioso.[10]

---

[9] Ibid., p.229.

[10] Ver Antoine, *L'impensé de la démocratie*, e também o volume sobre "Tocqueville e a religião"da revista *Social Compass*, v.38.

## III – Émile Durkheim (1858-1917) e a escola francesa de sociologia

Fiel a suas *Regras do método sociológico* (1895), Durkheim tenta delimitar o estudo científico dos fenômenos religiosos ao esboçar uma definição da religião que se articulará em torno da distinção entre sagrado e profano, nos termos de uma elaboração progressiva da noção do sagrado no pensamento de Durkheim e seus discípulos:

> Todas as crenças religiosas conhecidas, sejam elas simples ou complexas, apresentam uma característica comum: elas supõem uma classificação das coisas reais ou ideais que representam o homem em duas classes, em dois gêneros opostos, geralmente designados por dois termos distintos que são bem traduzidos pelas palavras profano e sagrado.[11]

Porém, definir a religião através do sagrado, não seria, como ainda acreditava Durkheim em 1899, atualizar uma antiga questão? Seriam, essas duas noções, inter-

---

[11] Durkheim, *Les formes élémentaires de la vie religieuse*, p.50.

Sociologia das religiões

cambiáveis? Esse problema preocupa, ainda hoje, os pesquisadores da sociologia das religiões. Durkheim, por sua vez, considera as duas noções equivalentes ao defender a tese da universalidade do sagrado, formalizando, assim, a seguinte noção:

> As coisas sagradas são aquelas isoladas e protegidas pela proibição; as coisas profanas são aquelas às quais essas proibições se aplicam e que devem ficar distantes das primeiras. As crenças religiosas são representações que expressam a natureza das coisas sagradas e as relações que essas implicam umas às outras ou entre elas e as coisas profanas. E, enfim, os ritos são regras de comportamento que determinam como o homem deve se comportar com as coisas sagradas.[12]

Em vez de definir o sagrado de modo substantivo, Durkheim caracteriza-o por sua oposição ao profano. Com F.-A. Isambert, percebemos, então, que, para Durkheim, "não é o sagrado em si que designa a religião, mas sua oposição ao profano, oposição

---

[12]  Ibid., p.56.

que pode ser qualificada de estrutural".[13] A religião seria o que, de um modo ou de outro, introduz uma distância com relação às coisas ordinárias, à vida cotidiana; ela não somente denota outra realidade – uma manifestação do além, de um elemento supra ou metaempírico –, mas é, justamente, esse diferencial engendrado por ela que se apresenta como constitutivo da religião, sua capacidade de deixar escapar algo ao profano. Durkheim se recusa, com razão, em definir a religião pelo seu aspecto "sobrenatural" ou por uma ideia de "deus".

Experiência do sagrado, a religião é também inseparável da experiência comunitária; como a religião engendra grupos, deve ser imediatamente considerada pelo seu aspecto coletivo. É esse aspecto que, para Durkheim, distingue a religião da magia. Tais considerações levam à seguinte definição da religião:

> Uma religião é um sistema solidário de crenças e de práticas relativas às coisas sagradas, ou seja, isoladas ou proibidas, crenças e práticas que reúnem todos aque-

---

[13] Isambert, *Le sens du sacré: fête et religion populaire*, p.236.

les que aderem a tal sistema em uma mesma comunidade moral chamada Igreja.[14]

Usando um vocabulário típico de sua época, a abordagem durkheimiana se inscreve em uma teoria do sagrado que considera este último a transcendentalização do sentimento coletivo. A religião seria o sentimento coletivo vivenciado como realidade, pois é a sociedade que transmite a seus membros um sentimento de dependência e respeito; ela seria religiógena.[15] Ao transformar o religioso em uma dimensão intrínseca da sociedade ("o projeto de sociedade é a alma da religião"), ao ressaltar o poder de sua expressão e do fortalecimento dos laços sociais, Durkheim chama, incontestavelmente, a atenção para uma importante função do religioso: a de integração social, de pacificação da ordem social. Contudo, sua abordagem não considera seu aspecto antagônico – ou seja, a religião como fator de desintegração social, como vetor de protesto, pois a fé religiosa é, também, portadora de contestação no mundo real,

---

[14] Durkheim, *Les formes élémentaires de la vie religieuse*, p.65.
[15] No original, *religiogène*, literalmente "criador de religião". (N. T.)

contestação que pode tomar uma forma intra ou extramundana, se for traduzida por uma luta ativa contra o estado atual das coisas ou por atitudes coletivas (a realização de sociedades alternativas) ou individuais (místicas) de isolamento do mundo.

Os limites da abordagem durkheimiana vêm do fato de ser elaborada a partir da análise de uma sociedade na qual o grupo social (o clã) e o grupo religioso (a religião totêmica) se interpõem perfeitamente e se confundem. Não existe diferenciação, neste caso, entre uma sociedade religiosa e uma sociedade civil. Ora, como nos mostrou Joachim Wach (1898-1955), a diferenciação dos grupos naturais e sociais das comunidades religiosas é uma característica importante que deve ser levada em conta. Porém, o limite da abordagem durkheimiana é, ao mesmo tempo, sua força. Os exemplos de casos nos quais a religião é um elemento importante de afirmação da identidade coletiva são, efetivamente, inúmeros (o islã xiita no Irã, o catolicismo na Polônia, a Igreja ortodoxa na Grécia, o luteranismo na Suécia...), como se a declaração de um sentimento nacional não pudesse evitar a dimensão religiosa. Mesmo em um país laico como a

Sociologia das religiões

França, é impressionante constatar a grande influência do imaginário católico no modo como o sentimento coletivo se expressa. A problemática de Durkheim convida, assim, a uma reflexão sobre essa propensão que as sociedades possuem de se posicionarem sob um "dossel sagrado" (o *sacred canopy* de Peter Berger), mesmo que de um modo alusivo, como se fosse necessário inscrever a ordem social contingente na órbita do sagrado. R. N. Bellah considera, inclusive, que o próprio Durkheim "era um grande padre e um teólogo da religião civil da Terceira República".[16]

Um outro interesse da abordagem durkheimiana é a sua ênfase sobre o aspecto dinâmico do sentimento religioso. Para Durkheim, a religião é uma força, uma força que permite agir:

> O fiel que está em comunhão com seu deus não é apenas um homem que enxerga verdades que o infiel ignora; é um homem que pode mais. Ele sente mais força nele próprio seja para superar as dificuldades da existência, seja para vencê-las. É como se ele se colocasse acima das misérias huma-

---

[16] Bellah, Morale, religion et société dans l'œuvre durkheimienne, *Archives des Sciences Sociales des Religions*, p.10.

nas por ter sido posicionado acima da sua condição humana; ele acredita estar salvo do mal, qualquer que seja a forma que o mal adote a seus olhos. O primeiro critério de toda fé, é a crença na salvação pela fé.[17]

Se "a religião é ação", se a fé é, acima de tudo, "um impulso para agir", compreende-se melhor, a partir daí, porque Durkheim achava que a ciência era impotente para acabar com a religião. A ciência reduz as funções cognitivas da religião e contesta sua pretensão a ditar as obras do conhecimento, mas ela não pode negar uma realidade e impedir que os homens continuem a agir influenciados pelo impulso da fé religiosa. É esse o paradoxo da abordagem durkheimiana da religião. Enquanto, por um lado, ela parece reduzir a religião ao social, por outro, ela conduz o social ao religioso ao considerar que uma sociedade não resulta apenas da sacralização do sentimento coletivo. O grande problema de Durkheim era, justamente, saber como a sociedade moderna, caracterizada pelo individualismo e pela solidariedade orgâ-

---

[17] Durkheim, *Les formes élémentaires de la vie religieuse*, p.595.

nica (a divisão do trabalho), poderia gerar o consenso e a coesão social. O grande sociólogo francês responderá a essas questões afirmando que o aspecto sagrado é inerente à pessoa humana: "Os homens não podem amar e honrar conjuntamente nada além dele próprio", afirma Durkheim em 1914. A sacralização da pessoa humana aparece, a seus olhos, como "a única convicção moral que pode unir os homens de uma sociedade moderna".[18] Durkheim se introduz, assim, em um debate bem atual sobre os laços sociais e os fundamentos éticos das democracias pluralistas no qual alguns pesquisadores se perguntam como "garantir secularmente a sacralização dos direitos do homem".[19]

Dentre os durkheimianos que constituíram o que se denominou a escola francesa de sociologia, muitos se interessaram pelos fenômenos religiosos, como *Henri Hubert (1872-1927)*, *Gaston Richard (1860-1945)* e, principalmente, *Marcel Mauss (1872-1950)* – sobrinho de Durkheim –, que antecipará

---

[18] Filloux, Personne et sacré chez Durkheim, *Archives des Sciences Sociales des Religions*, p.45.

[19] Baubérot, *Vers un nouveau pacte laïc?*, p.124.

algumas conclusões das *Formas elementares* e contribuirá com a elaboração do pensamento de seu tio.

Ao mesmo tempo que inseriu seus estudos na teoria geral do sagrado elaborada pela escola durkheimiana, *Marcel Mauss*[20] a relativiza ao negar o alcance transcultural do conceito de sagrado: este seria, segundo esse autor, inadequado ao estudo das religiões não semíticas – em particular as religiões chinesas (Mauss se refere aos trabalhos de Marcel Granet) – que se deixam dificilmente apreender pela distinção dicotômica do sagrado e do profano. Mauss dará prioridade à noção de mana, mais abrangente. Ele atenua, também, a ótica genética adotada por Durkheim ao privilegiar uma abordagem sincrônica dos fenômenos sociais. Responsável pela sessão "Sociologia religiosa" da revista *L'Année Sociologique*, Mauss propõe, em 1902, uma classificação dos fenômenos religiosos divididos em quatro rubricas: 1) representações; 2) práticas; 3) organizações religiosas; 4) sistemas, estes últimos devendo mostrar como, em

---

[20] Ver, em particular, os textos apresentados e reunidos por Karady em Mauss, *Œuvres I: les fonctions du sacré*.

grupos religiosos singulares, articulam-se representações, práticas e organizações. Devemos a Mauss, em particular, um estudo sugestivo sobre a prece (1909) – não concluído – no qual, a partir de uma definição de ritos como "atos tradicionais eficazes que têm por objeto as coisas ditas sagradas", a prece é especificada como "um ritual religioso, oral, que se apoia diretamente nas coisas sagradas". Com Hubert, Mauss redige um *Essai sur la nature et la fonction du sacrifice* (1899) que inspira um grande número de trabalhos etnológicos e marca uma etapa importante na elaboração da noção de sagrado na escola durkheimiana. Ao caracterizar o sacrifício como um procedimento que "consiste em estabelecer uma comunicação entre o mundo sagrado e o mundo profano pelo intermédio de uma vítima", Hubert e Mauss ressaltam, vigorosamente, na continuidade dos estudos de Robertson Smith, a ambivalência do sagrado no que diz respeito ao puro e ao impuro, ao recorrer a rituais de entrada e de saída.

Em um outro estudo comum intitulado *Esboço de uma teoria da magia* (1904), Hubert e Mauss estudaram particularmente a noção malaia de mana que, a seus olhos, revelava um aspecto importante do religioso: seu aspecto de força reveladora de "estados afetivos sociais". Esse estudo orienta Durkheim em sua teoria dinâmica da religião ao localizar a fonte do religioso no sentimento de temor e de respeito que a sociedade inspira a seus membros.

Para Hubert e Mauss, não existe sentimento religioso *sui generis*:

> Não existem sentimentos religiosos, mas somente sentimentos normais nos quais religião, coisas, ritos e até mesmo as representações são, ao mesmo tempo, o produto e o objeto. Os sentimentos religiosos não são mais legítimos do que os sentimentos econômicos ou técnicos. A cada atividade social são associados sentimentos e paixões normais.[21]

Essa observação é importante porque marca a recusa desses autores em reduzir o religioso ao sentimento, o que, acreditamos, não exclui a consideração do fato de que a religião se expresse, também, através de sentimentos.

---

[21] Hubert; Mauss, Introduction à l'analyse de quelques phénomènes religieux (1906), p.38-9.

*Henri Hubert* exerceu, como Mauss, a profissão de historiador das religiões e de sociólogo. Na "Introdução" (1904) da tradução francesa de *História das religiões*, de Chantepie de La Saussaye, Hubert faz uma apresentação da contribuição da "escola francesa" de sociologia em matéria de religião que pode ser considerada a primeira síntese durkheimiana sobre a religião. Além de sua contribuição à teoria do sagrado – a religião foi, naquele texto, definida como a "administração do sagrado" –, Hubert dá uma particular atenção ao que ele chama de "religiões do povo", definindo-as como sistemas vagos e imprecisos cuja unidade seria problemática e que se diferenciam muito dos sistemas religiosos mais organizados. Ao reconhecer a contribuição do *Volkskunde* [folclore] alemão, Hubert abria o debate sobre a religião popular.

Ao publicar um prefácio substancial ao estudo de seu aluno Stefan Czarnowski, *O culto aos heróis e suas condições sociais: São Patrício, herói nacional na Irlanda* (1909), Hubert muito contribuiu com a análise desses fenômenos. Nele, Hubert compara o herói ao totem e ao santo. Ele tenta, em um estudo sobre a representação do tempo (1905), distinguir as especificidades do tempo religioso, um tempo de maior qualidade do que quantidade, que torna-se sagrado pela sua participação nas comemorações sagradas que o estruturam.[22]

*Gaston Richard*, que rompeu com o grupo da revista *L'Année Sociologique*, foi particularmente crítico quanto à análise durkheimiana da religião.[23] Ele a recrimina de associar o sentimento religioso ao sentimento social e de avançar para o campo da metafísica ao pretender fornecer uma explicação global sobre o sentimento religioso com afirmações dogmáticas. Richard acredita que a tese sobre a deificação da sociedade "talvez seja apenas uma hipótese aventureira". Ela não permite a integração do problema da teodiceia, problema essencial, segundo Richard, para aqueles que acreditam que a religião seria uma resposta ao mal. Richard acusará, com outros detratores, a sociologia religiosa durkheimiana de parcialidade com relação ao seu objeto ao ser ensinada nas escolas normais de professores. Ele reivindicará um respeito estrito aos princípios de laicidade.

---

[22] Ver Isambert, Henri Hubert et le temps sacré, p.183-212.

[23] Ver seu estudo L'athéisme dogmatique en sociologie religieuse, *Revue d'Histoire et de Philosophie Religieuse*, n.2, p.125-37 e n.3, p.229-61.

# IV – Georg Simmel (1858-1918) e a sociologia da devoção

A abordagem da religião proposta por Simmel se insere nos parâmetros do estudo das formas típicas da ação recíproca, objeto central da sociologia que considera – e é neste ponto que esse autor se opõe radicalmente à Durkheim – que a sociedade propriamente dita não existe, o que existe são diversas interações individuais.[24] Mesmo que Simmel não tenha deixado, como Durkheim, um grande legado sobre a religião, os raros escritos sobre esse tema que encontramos em sua obra, que inclui seu texto de 1906 sobre a religião, nos permitem perceber quais seriam os resultados obtidos se a sua perspectiva sociológica fosse aplicada ao estudo da religião.[25] Simmel distingue, rigorosamente, as diferentes formas de interações sociais de seus conteúdos, e apresenta sua sociologia como uma ciência "formal" que

---

[24] Sobre a sociologia de Simmel ver Watier, *Georg Simmel sociologue*.

[25] Simmel, Problèmes de la sociologie des religions, *Archives de Sociologie des Religions*, n.17, p.12-44. Esta é a tradução da primeira edição do texto *Die Religion*, Frankfurt am Main: Rütten e Loening, 1906.

estuda as diversas formas de socialização. Assim, a religião surge, em sua análise, como um modo possível de interação social que, na realidade, pode se aplicar a qualquer tipo de conteúdo. Como a arte, a ciência, a política ou a economia, o religioso constitui uma forma específica de interação social *sui generis*, que, ao longo da história, pode adotar diferentes facetas.

Diferentemente de Durkheim, a vida na sociedade é apenas uma das origens da religião no pensamento de Simmel: a relação estabelecida com a natureza e a atitude do homem diante do seu "destino" são outras fontes imanentes que alimentam a religião. Mas, sobretudo, Simmel privilegia uma descrição das formas de religiosidade em detrimento de uma busca das origens da religião. Nenhum dos três elementos acima citados lhe parecem suficientes para criar a religião, pois esta corresponderia a uma forma de emoção particular: a religiosidade, que constitui, para esse autor, uma das grandes categorias através das quais o homem informa o mundo. Para Simmel, é "a religiosidade que produz a religião", e não o contrário. É essa equação que Simmel procura apreender, independentemente dos conteúdos que ela eventualmente possua, o que faz que sua perspectiva suponha, de imediato, uma percepção do religioso muito mais ampla, que vai além da definição que lhe é, normalmente, atribuída:

> A relação existente entre uma criança afetuosa e seus pais, entre um patriota e sua pátria, entre um internacionalista entusiasmado e a humanidade; a relação do operário indo à luta com sua classe social ou a de um nobre consciente de sua posição na aristocracia; a do vencido com o vencedor, ou a do bom soldado com seu exército, todas essas relações e seus conteúdos infinitamente variados podem apresentar semelhanças em sua expressão psíquica, que deve, por sua vez, ser apreendida em sua dimensão religiosa [...] O sujeito, ao ser colocado em uma ordem que lhe é superior, sente, em si, um grau particular de tensão emocional, uma forma de afeto e ao mesmo tempo uma convicção específica da relação interna que ele admite estabelecer com seus semelhantes, de um modo pessoal e intrínseco. Denominamos elementos religiosos os elementos emocionais que formam, pelo menos em parte, os aspectos ao mesmo tempo internos e externos dessas relações.

> Pois o próprio fato de tais elementos serem religiosos lhes fornece um aspecto que os distingue das relações fundadas no simples egoísmo, na pura relação de dominação, no poder externo ou até mesmo numa certa moral.[26]

Ao considerar toda religiosidade como uma categoria específica, tudo pode ser visto religiosamente, do mesmo modo como tudo pode ser considerado pelo ponto de vista artístico (Simmel faz interessantes associações entre arte e religião). Entretanto, o fato de tudo poder ser visto religiosamente não implica que a coisa em si seja necessariamente religiosa. A religiosidade seria, na verdade, um ponto de vista sobre a realidade equivalente a outros pontos de vista, uma forma através da qual, com uma linguagem própria, se expressa "a totalidade da vida". Levando-se em conta que cada forma – como, por exemplo, a arte – também expressa "a totalidade da vida" e mesmo admitindo que a religião seja um fenômeno *sui generis*, Simmel não lhe atribui uma posição superior a outras formas. A religio-

---

[26] Ibid., p.22.

sidade seria, para ele, um modo particular de sentimento emocional que ele designa pelo termo "devoção":

> De um modo geral, podemos, talvez, chamar devoção esse estado de espírito emocional particular. A devoção seria uma emoção da alma que se transforma em religião quando ela se projeta em formas específicas. Convém ressaltar, aqui, que o termo *piètas* significa uma atitude de dedicação ao homem e a Deus. A devoção, a religiosidade em um nível quase fluido, não se consolidará necessariamente em uma forma estável de comportamento com relação aos deuses, ou seja, em forma de religião.[27]

Partindo dessa afirmação, podemos, então, ser devotos sem religião, como um artista pode nunca ter feito uma obra de arte e nem por isso deixar de ser artista. Em outras palavras, a devoção pode se manter em seu estado de potencialidade se não encontrar um objeto no qual se concretizar. Mas ela também pode se aplicar, em determinadas circunstâncias, a objetos não religiosos.

---

[27] Ibid., p.24.

O interesse do marco de Simmel para a sociologia das religiões reside no deslocamento que ele efetua da religião à religiosidade e em sua afirmação de que nem toda manifestação de devoção produz uma religião. Tal perspectiva pode ser útil para a compreensão da fluidez contemporânea do religioso (ver capítulo III) e ajuda a esclarecer a árdua questão relativa à definição sociológica do religioso (ver capítulo V). Como afirmou Jean Séguy,[28] as observações de Simmel sobre a divisão do trabalho religioso e sobre o rito de ordenação apresentam, ambos, um grande interesse. Quando ele afirma que "é a ordenação que cria o espírito que ela concede assim como as qualificações específicas para a tarefa à qual ela delega", ele se aproxima da noção weberiana de "carisma de função".

## V – Max Weber (1864-1920) e a sociologia do carisma

Para Max Weber, a religião é "uma maneira particular do modo de agir em comu-

---

[28] Séguy, Aux enfances de la sociologie des religions: Georg Simmel, *Archives de Sociologie des Religions*, n.17, p.9.

nidade", e por essa razão, ele estima ser necessário estudar as condições e os efeitos de tal comportamento. A competência própria à atividade religiosa consiste em regular as relações estabelecidas entre os poderes "sobrenaturais" e os homens, esclarece Weber, que mostra-se, ao mesmo tempo, prudente em sua definição introdutória do fenômeno religioso; ele rejeita se pronunciar, em particular, sobre a essência do religioso. Contudo, Weber procede, logo no início, a duas observações importantes que implicam graves consequências. A primeira é:

> As formas mais elementares do comportamento motivado por fatores religiosos ou mágicos são orientadas para o mundo terrestre. Os atos ditados pela religião ou pela magia devem ser realizados "a fim de se conquistar [...] a felicidade e uma longa vida na terra".[29]

Esta afirmação representa uma reversão considerável com relação a todas as perspectivas teóricas que identificavam interesses

---

[29] Deuteronômio IV, 40. Weber, *Économie et société*, t.I, p.429 [capítulo V: Les types de communalisation religieuse (sociologie de la religion)].

religiosos e interesses pelo além a uma falta de distância evidente com o próprio discurso religioso. Para Weber, mesmo através de referências a uma ou a outra manifestação do além, a religião diz respeito à vida na terra.

A segunda ruptura efetuada por Weber foi sua recusa em associar o religioso ao irracional: "Os atos motivados pela religião ou pela magia são atos, ao menos relativamente, racionais".[30]

Uma das principais contribuições de Weber consiste em mostrar que existem diferentes tipos de racionalidade e que a racionalização da própria religião exerceu um papel essencial no surgimento da modernidade. Conjugadas à importante influência do pensamento marxista na sociologia geral do após-guerra e ao peso da sociologia empírica do catolicismo na sociologia francesa das religiões, essas características da abordagem weberiana explicam, sem dúvida, as dificuldades e a lentidão encontradas na recepção da sociologia weberiana das religiões na França,

---

[30] Ibid.

pois ela questionava o dogma cultural que opunha religião e modernidade.[31]

O que se revela particularmente interessante, para uma abordagem da religião no pensamento de Weber, são os conceitos de "agrupamento hierocrático" [*hierokratischer Verband*] e de "bens de redenção" [*Heilsgüter*]. Um "agrupamento hierocrático" é um grupo no interior do qual se exerce um modo particular de dominação sobre os homens. De fato, Weber inscreve sua sociologia das religiões nos parâmetros de uma sociologia da dominação [*Herrschaftssoziologie*]. Ele observa, com atenção particular, os modos de exercício do poder religioso:

> Não é a natureza dos bens espirituais desejados – sejam estes materiais ou sobrenaturais, externos ou íntimos – que constitui a característica determinante do conceito de agrupamento hierocrático, mas o fato de a distribuição desses bens ser suscetível de constituir o fundamento de uma dominação espiritual sobre os homens.[32]

---

[31] Sobre a recepção de Weber pela sociologia francesa, ver Hirschhorn, *Max Weber et la sociologie française*.

[32] *Die Grundlage geistlicher Herrschaft über Menschen*.

"Um modo de agir em comunidade", uma forma de dominação sobre os homens: Weber se coloca imediatamente atento às duas principais características da religião apreendida como fenômeno social – o vínculo social que ela gera e o tipo de poder que ela gera. E a sociologia weberiana da religião se preocupa especificamente em definir os tipos de "comunalização religiosa" [*religiöse Vergemeinschaftung*], assim como os tipos de autoridade religiosa.

Os tipos de comunalização religiosa são apresentados por Weber por sua famosa distinção entre *Igreja* e *seita* apreendidas, em particular, como dois modos de existência social da religião. O primeiro, a *Igreja*, seria uma instituição burocrática de salvação aberta a todos, na qual é exercida a autoridade de função do padre, que coabita em perfeita simbiose com a sociedade global. O segundo, a *seita*, seria uma associação voluntária de crentes em ruptura mais ou menos marcada com o ambiente social; dentro desta última forma de associação prevalece uma autoridade religiosa do tipo carismático.

Assim, enquanto nascemos membros de uma *Igreja*, tornamo-nos, voluntariamente, membros de uma *seita*. *Igreja* e *seita* são, na abordagem de Weber, tipos ideais, ou seja, modelos elaborados para a pesquisa e que não existem em seu estado puro na realidade. Os tipos ideais são, contudo, polos úteis de referência para o estudo da realidade empírica. Ernst Troeltsch (1865-1923), teólogo protestante e sociólogo, completa a tipologia de seu amigo Weber ao acrescentar o tipo *místico*, caracterizado por uma experiência pessoal imediata que se revela distante das formas objetivadas de crenças e cultos. Esse terceiro tipo se caracterizaria, também, por uma relação associativa fluida (Troeltsch fala de "grupos flutuantes") que privilegia os laços pessoais unidos por uma determinada afinidade espiritual.[33]

Quanto aos tipos de autoridade religiosa, Weber os elaborou a partir da observação de diferentes formas de legitimação do poder na vida social. Ou seja, também neste aspecto, a análise weberiana da religião se elabora em função de um aparelho conceitual da sociologia geral. Segundo Weber, é possível se legitimar de um modo racional-legal, de um

---

[33] Ver Troeltsch, *Die Soziallehren der christlichen Kirchen und Gruppen*. Em francês, ver Séguy, *Christianisme et société*.

modo tradicional ou de um modo carismático. A legitimação racional-legal do poder corresponderia à autoridade administrativa, uma autoridade impessoal fundada na crença do valor dos hábitos, na legitimidade das transmissões tradicionais de cada função (por exemplo, de um modo hereditário). Quanto à autoridade carismática, seria o típico poder pessoal, pois sua legitimidade é fundada na aura reconhecida em um determinado indivíduo. No campo religioso, esses três modos de legitimação do poder definiriam os tipos ideais do *padre*, do *feiticeiro* e do *profeta*. O *padre* representaria a autoridade religiosa de função exercida dentro de uma estrutura burocrática de salvação. O *feiticeiro*, a autoridade religiosa que exerce suas competências como o autêntico portador de uma tradição junto a uma clientela que o reconhece como tal. E o *profeta*, a autoridade religiosa pessoal daquele que impõe sua legitimidade por meio de uma revelação que ele mesmo divulga ("mas eu digo que...").

A autoridade institucional do tipo *padre* seria, por definição, aquela atribuída ao religioso que dirige o grupo no cotidiano e assegura sua continuidade a longo prazo, enquanto a autoridade carismática do tipo *profeta* introduziria uma ruptura dessa gestão cotidiana. Weber estudou, em particular, os problemas ocasionados pela transmissão do poder pessoal representado pela autoridade profética. O carisma se torna uma rotina durante sua transmissão, o processo de institucionalização atenuaria seu poder carismático na segunda ou na terceira geração de agrupamentos proféticos.

Essa tipologia das formas de autoridade religiosa exige uma utilização cuidadosa de seus termos, contudo, seu poder heurístico é grande, muitos sociólogos das religiões referem-se a ela. Podemos afinar essa tipologia ao distinguirmos até nove tipos de autoridade religiosa, como o fez Joachim Wach:[34] o fundador de religião, o reformador, o profeta, o vidente, o mágico, o adivinho, o santo, o padre e o *religiosus*. Esses enriquecimentos foram úteis, pois nem todo profeta consegue, por exemplo, fundar uma nova religião. Podemos, também, avaliar a pertinência dos tipos weberianos com relação a outros tipos de autoridade religiosa (rabino, imã...) e estudar, a exemplo de Michel

---

[34] Wach, *Sociologie de la religion*, p.289.

Meslin e seus colaboradores,[35] as diversas formas adotadas pelas relações mestre/discípulo nas diversas tradições religiosas. Não se pode garantir que essa tipologia se adapte a todas as religiões. Porém, partindo do caso do pastor protestante, elaboramos um tipo pregador-doutor, ressaltando, neste caso, o importante papel da autoridade ideológica fundada em uma racionalidade em valores,[36] o que representa o acréscimo do tipo doutor na tipologia weberiana.

Se Weber ficou conhecido sobretudo pelo seu famoso estudo *A ética protestante e o espírito do capitalismo* (1905), os parágrafos acima mostram que sua contribuição à sociologia das religiões não se reduz à análise das relações entre o *éthos* do protestantismo puritano e o desenvolvimento de uma certa racionalidade econômica. Essa última obra situa-se, inclusive, em um conjunto de análises desenvolvidas por Weber sobre as relações entre economia e religiões, nas quais ele demonstra as consequências econômicas das crenças religiosas, seja o confucionismo,

---

[35] Meslin (org.), *Maître et disciples dans les traditions religieuses*.
[36] Willaime, *Profession: pasteur*, p.61-72.

o taoismo, o hinduísmo, o budismo ou o judaísmo antigo.[37]

A prioridade de Weber não consistia em mostrar que o protestantismo engendrou o capitalismo, mas demonstrar as afinidades existentes entre um certo tipo de protestantismo – essencialmente o calvinismo puritano dos séculos XVII e XVIII – e o espírito empresarial. Convencido de que a redenção não é alcançada através de esforços humanos (pelas suas "obras"), mas que Deus é o único, em seu insondável julgamento, capaz de trazer a salvação, tendo rejeitado a mediação dos padres e da Igreja, o puritano seria um ser eternamente preocupado com a possibilidade da sua salvação. A partir desses questionamentos, ele vai interpretar seu sucesso secular, em particular o desenvolvimento de sua empreitada, como um sinal da bênção divina, como uma prova que confirmaria que ele

---

[37] Estudos reunidos em três volumes das *Gesammelte Aufsätze zur Religionssoziologie*. Em francês: *Sociologie des religions*, textos reunidos e traduzidos por Grossein; *Le Judaïsme antique*, tradução F. Raphaël; *Confucianisme et taoïsme*, tradução Colliot-Thélène e Grossein; *L'éthique protestante et l'esprit du capitalisme suivi d'autres essais*, tradução de Grossein.

é um dos escolhidos. Trabalhar regular e metodicamente para aumentar suas riquezas seria uma vocação [*Beruf*]. Não se trata de desfrutar as riquezas acumuladas e descansar na luxúria, mas de levar uma vida despojada dedicada ao trabalho. Esse estado de espírito, afirma Weber, favoreceria o acúmulo capitalista e o desenvolvimento de uma economia racional. Seria, efetivamente, a racionalidade que diferenciaria o capitalismo ocidental de outras formas de capitalismo. Considerar o trabalho como um dever religioso, praticar o despojamento intramundos e se comportar racionalmente, esses constituem os elementos do *éthos* puritano que teriam proporcionado, juntamente com outros fatores, o desenvolvimento do capitalismo ocidental.

Weber mostra, assim, magistralmente, sem negar a importância dos fatores materiais – toda explicação monocausal lhe parece insustentável –, o peso dos fatores culturais, em particular religiosos, no surgimento de um determinado tipo de comportamento econômico.[38]

---

[38] Sobre o debate que este estudo de Weber suscitou, ver Besnard, *Protestantisme et capitalisme: la controverse postwébérienne*.

Sociologia das religiões

# VI – Os funcionalismos

Ao explicar que a religião totêmica dos aborígenes australianos exercia a função de alimentar o sentimento coletivo do grupo e de manter a coesão social, Durkheim desenvolveu uma abordagem funcionalista da religião: trata-se da análise dos hábitos sociais, do destaque das funções sociais exercidas pelas práticas e crenças religiosas. O funcionalismo marcou profundamente a etnologia – com B. Malinowski (1884-1942) e A. Radcliffe-Brown (1881-1955) – e a sociologia, em particular a norte-americana, com T. Parsons (1902-1980) e R. K. Merton. Mesmo nesse campo, constatamos que a análise sociológica dos fenômenos religiosos é parte integrante da análise da sociedade global e de um quadro teórico geral. Nem Merton nem Parsons desenvolveram uma sociologia das religiões: eles colocam a religião nos parâmetros de sua análise do sistema social global. Foi precisamente pelo fato de eles tentarem distinguir os diferentes elementos do sistema social que concederam um determinado espaço à religião em sua análise da sociedade. Porém, muitos sociólogos das religiões – como o norte-americano J. Milton

Yinger – se situam em uma orientação funcionalista sem reivindicar a inclusão de seus estudos nos parâmetros teóricos de um ou outro fundador do funcionalismo.

Merton, favorável a um funcionalismo moderado, revelou os postulados essenciais do funcionalismo radical e suas consequências para a análise da religião.[39] Os postulados seriam: o da unidade funcional da sociedade, segundo o qual todas as práticas e crenças sociais contribuem para o funcionamento do sistema social em sua totalidade; e o do funcionalismo universal, segundo o qual todas essas práticas e crenças exercem uma função positiva na sociedade, em resposta a sua necessidade de adaptação. Se todos os usos sociais exercem uma função vital, não seria mais necessário interpretar alguns dentre eles em termos de sobrevivência, se nos situarmos do ponto de vista evolucionista – o postulado da necessidade segundo o qual as práticas e crenças sociais observadas são indispensáveis para a própria vida da sociedade.

Percebemos, de imediato, que através desse paradigma interpretativo, a sociedade se

---

[39] Ver Merton, *Éléments de théorie et de méthode sociologique*, tradução de H. Mendras, Brionne, Gérard Monfort.

apresenta, principalmente, como um conjunto integrado e estável. Ao privilegiar a ordem em detrimento da mudança, esse paradigma encontrará dificuldades em integrar as rupturas e os conflitos em sua abordagem do social. Ele levará a uma certa ênfase unilateral da função integrativa da religião, quando aplicada ao estudo dos fenômenos religiosos, e também a uma negligência, como afirmou Merton, "de seu eventual papel de desintegrador de determinados tipos de estrutura social". Por outro lado, do ponto de vista do funcionalismo radical, se a religião preenche funções essenciais na manutenção da estabilidade social, ela surge como um elemento indispensável em toda estrutura social:

> Nenhuma sociedade se laicizou ao ponto de liquidar totalmente a crença no transcendental e nas entidades sobrenaturais. Mesmo em uma sociedade laica, deve existir um sistema qualquer que assegure a integração de valores fundamentais, sua expressão ritual e o ajuste emocional trazidos pelas decepções, pelas catástrofes e pela morte.[40]

---

[40] Davis; Moore (1945) apud Merton, *Éléments de théorie et de méthode sociologique*, p.76.

Ao criticar esse funcionalismo radical e sua análise dos fenômenos religiosos, Merton enfatiza a necessidade de se levar em conta as tensões e os conflitos no campo religioso, tanto daqueles que se manifestam nas relações grupos religiosos/sociedade global quanto nas relações inter e intrarreligiosas. Merton enriqueceu o aparato conceitual da análise funcional e mostrou o quanto ela poderia ser fecunda na análise da religião ao chamar a atenção para a distinção entre motivações subjetivas e funções objetivas, ao introduzir os conceitos de disfunção, de funções manifestas e latentes, de equivalentes funcionais para a análise de fenômenos de predição criadora [*selffulfilling prophecy*] e de predição destrutora.

Yinger define a religião "como um certo tipo de esforço feito para preencher diversas funções", ou mais precisamente "como um conjunto de crenças e de práticas que permite a um grupo determinado enfrentar os grandes problemas da vida humana".[41] Nessa ótica, a religião é considerada como parte integrante da natureza humana. Respondendo a necessidades inerentes

---

[41] Yinger, *Religion, Society and the Individual*.

à condição humana, preencheria, assim, funções permanentes (de acompanhamento ritual, de controle do sofrimento, da morte...).

Tais abordagens apoiam-se em um pressuposto antropológico oposto aos pressupostos das abordagens racionalistas que afirmam que a religião é uma pura ilusão. Admitindo a existência de uma necessidade religiosa universal, tais abordagens quase não permitem a ideia da ausência de religião. O que engendra uma interpretação superficial das diversas formas de não religião como sendo os equivalentes funcionais da religião ou da quase-religião. O inconveniente desse postulado pode ser maior do que a afirmação do fim da religião, pois ele – influenciado pela hipótese do desaparecimento de seu objeto no longo prazo – apresentará necessariamente uma tendência maior a desenvolver uma abordagem reducionista dos fenômenos religiosos.

É na tradição funcionalista que se deve situar a análise desenvolvida pelo sociólogo alemão Niklas Luhmann (nascido em 1927) ao definir sua teoria como um estruturalismo funcional (Parsons dizia "funcionalismo estrutural"). Com os sociólogos clássicos, Luhmann considera que a religião é um tema essencial da teoria da sociedade e que ela exerce "ao mesmo tempo uma função central e bem específica" para a sociedade. Em uma obra abundante composta de aproximadamente quarenta livros, foi em seu trabalho publicado em 1977, intitulado *Funktion der Religion* [Função da religião], que Luhmann desenvolveu sua análise sobre a religião. Como Parsons, Luhmann considera que a diferenciação funcional é a força motora fundamental da evolução social, uma evolução que caminha na direção de uma sociedade mundial. A sociedade seria, assim, constituída de diversos subsistemas, cada um possuindo uma função autônoma: a ciência, a família, a política, a religião... Nenhum desses subsistemas abrangeria o sistema social em sua totalidade e nenhum deles seria capaz de assegurar sua integração. A religião seria um subsistema como qualquer outro que exerceria algumas funções junto aos indivíduos. A religião constitui, contudo, segundo Luhmann, um subsistema simbólico específico com a função de considerar o mundo como um todo e a capacidade de dominar sua contingência. Quanto ao aspecto *interpretativo*, ela permite aos indivíduos o controle subjetivo de uma sociedade fragmentada por uma diferenciação funcional mais profunda.

Na perspectiva de Luhmann, podemos dizer que a religião permite viver *como se* o mundo social fosse um todo. É precisamente porque a religião é diferente de outros sistemas simbólicos que ela tem a capacidade de exercer essa função sobre os indivíduos. A religião possui, então, segundo Luhmann, uma significação central para a sociedade e devido ao fato da religião se referir ao mundo como um todo, ela somente poderia exercer sua função social se ela se tornasse uma referência transcendental: o que leva Luhmann a criticar a secularização interna da religião, por exemplo, em algumas evoluções do cristianismo ocidental que caminha, segundo ele, para um humanismo secular.[42]

---

[42] Sobre a sociologia de N. Luhmann, ver em francês, o n.43 de *Sociétés* (1994) coordenado por Watier, e o volume LXXXIX dos *Cahiers Internationaux de Sociologie*.

## Capítulo II
# Da sociologia religiosa à sociologia das religiões

Se a sociologia das religiões foi a semente que brotou no campo da sociologia geral, foi um outro terreno, contudo, que favoreceu sua emergência: os próprios meios religiosos, mais exatamente as Igrejas cristãs. Porém, antes de examinarmos a fecundidade desse terreno para a sociologia das religiões, devemos lembrar o papel não negligenciável de certos meios cristãos na gênese da sociologia geral.

Nos Estados Unidos, os pastores exerceram um papel ativo no nascimento da sociologia geral. É surpreendente a simultaneidade do desenvolvimento do *Social Gospel* e da sociologia nos anos 1865-

1915.[1] As motivações militantes, qualquer que seja sua fonte de insatisfação, atraíram pesquisadores para a sociologia: dentre os doze primeiros pesquisadores no Centro de Estudos Sociológicos criado em Paris em 1946, ressalta Johan Heilbron, "cinco pertenciam ao Partido Comunista, alguns eram ligados aos grupos de extrema esquerda e outros aos agrupamentos católicos de esquerda".[2] O interesse que determinadas personalidades religiosas demonstravam pela sociologia poderia, inclusive, tê-los dirigido para a sociologia geral em vez da sociologia das religiões: é mais fácil, sob certos aspectos, fazer a sociologia do outro do que observar seu próprio grupo de pertença. Mas esse fato não impediu nenhum desses pesquisadores de orientarem seu olhar sociológico para as realidades religiosas, seja em nome de preocupações

---

[1]  Ver Small, Fifty Years of Sociology in the United States (1865-1915), *American Journal of Sociology*, n.21, p.721-864; e também Fukuyama, Groupes religieux et sociologiques aux États-Unis, *Christianisme Social*, n.9-12, p.739-46.

[2]  Heilbron, Pionniers par défaut? Les débuts de la recherche au Centre d'Études Sociologiques (1946-1960), *Revue Française de Sociologie*, n.32, p.370.

pastorais, seja por puro interesse por essa maneira relativamente nova de apreender os fenômenos religiosos.

O desenvolvimento da sociologia das religiões no meio universitário gerou estudos que se tornaram clássicos. Mencionaremos os principais: o estudo de L. Pope sobre as relações das Igrejas com o mundo do trabalho na Carolina do Norte, que analisa, em particular, o desenvolvimento de grupos pentecostais no final do século XIX e início do século XX: *Millhands and Preachers* [Trabalhadores e pregadores], de 1942; o de K. W. Underwood sobre as relações interconfessionais em uma cidade industrial da Nova Inglaterra: *Protestant and Catholic* [Protestante e católico], de 1957; os de Joseph H. Fichter, da Universidade Notre-Dame na Nova Orleans: *Southern Parish* [Paróquias do Sul], de 1951; *Religion as an Occupation* [Religião como ocupação], de 1961; o de Paul M. Harrison sobre o poder na tradição da Igreja livre: *Authoriy and Power in the Free Church Tradition* [Autoridade e poder na tradição da Igreja livre], de 1961; o de Gerhard Lenski sobre a incidência do fator religioso na aglomeração de Detroit: *The Religious Factor* [O fator religioso], de 1961.

Na linha do teólogo H. Richard Niebuhr (*The Social Sources of Denominationalism* [As fontes sociais do denominacionalismo], 1929), uma atenção particular foi dada aos processos de diferenciação social nos grupos religiosos. Desta forma, foi abordado um tema clássico na sociologia das religiões, o das relações grupos religiosos/sociedade abrangente, por meio da questão da reprodução religiosa relacionada às clivagens sociais (Niebuhr examina as "igrejas dos pobres", as "igrejas da classe média", as "igrejas dos imigrantes"...). N. J. Demerath III mostrará, também, o perfil social das diversas denominações protestantes norte-americanas: *Social Class in American Protestantism* [Classes sociais no protestantismo norte-americano], de 1965. Ao mesmo tempo, Niebuhr contribuía com a problemática questão da tipologia igreja-seita ao propor um tipo intermediário que seria a *denominação*, um tipo que se assemelhava ao que outros autores chamavam de *Igreja livre*, que corresponderia a uma igreja com tendências sectárias ou uma seita instalada na sociedade, característica particular de uma sociedade marcada pelo pluralismo religioso como os Estados Unidos.

Sociologia das religiões

# I – Gabriel Le Bras e a sociologia do catolicismo

Na França, após o impulso dado por Durkheim e seus epígonos, um passo decisivo foi dado com o desenvolvimento da sociologia do catolicismo incitado por um jurista, Gabriel Le Bras (1891-1970), que desejava "conhecer o povo cristão ao qual se aplica o direito da Igreja". Esse professor de história do direito canônico e das instituições cristãs na Faculdade de Direito de Paris e na seção de ciências religiosas da Escola Prática de Altos Estudos (EPHE) lança um projeto ao publicar, em 1931, um questionário de 25 páginas na *Revue d'Histoire de l'Église de France,* para uma pesquisa sobre a prática religiosa concreta das populações francesas. Ele tentava, assim, obter "um exame detalhado" e "uma explicação histórica da situação do catolicismo nas diversas regiões francesas". Por meio desse estudo, Le Bras procurava conhecer a "religião do povo", "a religião vivida" do modo mais preciso possível... Como? Pela observação minuciosa dos gestos da prática tal qual ela foi definida pela instituição e pelo estabelecimento de uma tipologia dos praticantes segundo o grau e as modalidades de sua prática. A chamada para participação no questionário da pesquisa publicada por Le Bras encontrou um grande sucesso após a guerra, em um momento no qual a Igreja católica se questionava sobre o abando dos fiéis.[3] Um grande número de investigações foi efetivamente lançado nos anos 1950 e 1960 na França e também em outros países europeus. A iniciativa do decano Le Bras ia ao encontro das preocupações pastorais evidentes no catolicismo do pós--guerra. Por se interessar pela "religião do povo", tal perspectiva chamaria a atenção de toda uma geração de pesquisadores para a sociologia religiosa que ampliaria, pouco a pouco, as perspectivas traçadas pelo "mestre" ao reforçar a autonomia da pesquisa com relação às preocupações pastorais e às visões eclesiásticas de então: em 1954, o Grupo de Sociologia das Religiões do Centro Nacional de Pesquisa Científica (CNRS) seria criado em torno de Le Bras e contaria com a participação de H. Desroche, F.-A. Isambert, J. Maître e É. Poulat. Inclusive o título escolhido para esse laboratório indi-

---

[3] Ver dos abades H. Godin e Y. Daniel, *La France, pays de mission?*

cava claramente o desejo de levar em conta todas as religiões.

Le Bras[4] estabelece uma tipologia dividida em quatro partes: os *estrangeiros e a vida na igreja* (ou *dissidentes*); os *conformistas episódicos* (aqueles que vão à igreja para os ritos de passagem que marcam os grandes momentos da vida como batismos, primeiras comunhões, casamentos, enterros); os *praticantes regulares* (aqueles que frequentam a missa dominical, confessam e comungam na Páscoa); e os *devotos* (militantes religiosos). Le Bras distingue, em contraponto, os *misseiros* e os *missalizantes*,[5] os primeiros designariam os indivíduos que vão à missa um domingo determinado e os segundos, os que têm o hábito de frequentá-la regularmente.

As investigações sobre a prática religiosa permitiram o estabelecimento de uma geografia da França religiosa. Em 1947, surgia, graças aos esforços do cânone Fernand Boulard (1898-1977), um primeiro mapa religioso da França rural. Mais tarde,

---

[4] Le Bras, *Études de sociologie religieuse* – t.I: *Sociologie de la pratique religieuse dans les campagnes françaises;* t.II: *De la morphologie à la typologie*.

[5] Tradução livre de *messés* e *messalisants*, termos criados por Le Bras a partir da palavra francesa *messe* [missa]. (N. T.)

em 1968, F. Boulard e Jean Rémy estabeleceriam um mapa religioso da França urbana. Os numerosos materiais deixados pelo cânone Boulard foram explorados, dentro do CNRS, por F.-A. Isambert e J.-P. Terrenoire que estabeleceram, sobre bases próprias, o *Atlas de la pratique religieuse des catholiques en France* [Atlas da prática religiosa dos católicos na França] (1980). Recentemente, J.-R. Bertrand e C. Muller atualizaram a geografia dos católicos na França (*Où sont passés les catholiques?* [Para onde foram os católicos?], 2002). Além deles, uma equipe de historiadores publicou a documentação acumulada por F. Boulard sob o título *Matériaux pour l'histoire religieuse du peuple français* [Material para a história religiosa do povo francês]. A imensa contribuição desses trabalhos foi ter mostrado as importantes diferenciações regionais na prática religiosa dos franceses e a profundidade histórica dessa geografia religiosa.

Através dos gestos da prática, foi a "civilização dos praticantes" que Le Bras estudou. A prática foi, então, considerada como uma variável dependente de uma série de outros fatores (geográficos, sociais, históricos…), mas também como uma variável indepen-

Sociologia das religiões

dente, que reproduziria diversos efeitos sociais (sobre a paisagem, o trabalho, a família, a higiene...). Ao mostrar a extraordinária riqueza do estudo sistemático desse indicador da vida religiosa, Le Bras tinha total consciência que o estudo da dinâmica religiosa de uma população não poderia ser reduzido à análise de sua prática, mesmo se essa não se limitava a uma contagem do número de praticantes, mas, ao contrário, incluía no estudo as *maneiras* de se praticar a religião (por exemplo, a duração do prazo do batismo): "A prática dificilmente poderia revelar toda uma dinâmica religiosa de uma nação, de uma paróquia, de um indivíduo",[6] escrevia Le Bras já em 1945. Ele vai se interessar, de fato, por todos os aspectos das relações entre grupo religioso e sociedade circundante, o modo através do qual elas se manifestariam pelos lugares, prédios, pessoas e grupos (ver sua obra póstuma, *L'Église et le village* [A Igreja e a aldeia], 1976).

A sociologia lebrasiana do catolicismo não se reduz, assim, a uma sociografia das práticas. Le Bras se interessou abundan-

---

[6] Le Bras, *Études de sociologie religieuse* – t.II: *De la morphologie à la typologie*.

temente por todos os lugares de encontro entre sociedade religiosa e sociedade global, ao mostrar que esta última, por mais laica que pretenda ser, não poderia ignorar o fato religioso e deveria se acomodar com essa existência. A sociologia do catolicismo ultrapassou, amplamente, o estudo das práticas, como assim o pretendeu o próprio Le Bras. Foi, contudo, ao iniciar sua análise com grandes estudos sobre a prática e ao explorar toda a fecundidade dessa abordagem que ela repercutiria em diferentes países. Faremos uma menção particular à Bélgica com Jean Rémy e Lilian Voyé (esta última publicaria, em 1973, uma *Sociologie du geste religieux: analyse de la pratique dominicale en Belgique* [Sociologia do gesto religioso: análise da prática dominical na Bélgica]) e à Itália, com os trabalhos pioneiros de S. Burgalassi (*Il comportamento religioso degli Italiani* [O comportamento religioso dos italianos], 1968), de P. G. Grasso e de A. Grumelli. Na Espanha, como afirmou Juan Estruch,[7] os inícios foram também marcados por uma sociologia religiosa ligada aos interesses

---

[7] Estruch, Sociology of Religion in Spain, *Social Compass*, n.4, v.23, p.427-38.

pastorais do catolicismo e influenciada pelas perspectivas inauguradas por Boulard e Le Bras. Durante as últimas décadas, os sociólogos do catolicismo se interessaram, particularmente, pelo estudo das decomposições e recomposições do mundo católico, com destaque para os trabalhos de J. Palard (*Le gouvernement de l'Église catholique* [O governo da Igreja católica], 1997), de D. Hervieu-Léger (*Le catholicisme, la fin du monde* [O catolicismo, o fim do mundo], 2003), de P. Portier (*Église et politique en France au XXe siècle* [Igreja e política na França no século XX], 1994; *La pensée de Jean-Paul II: la critique du monde moderne* [O pensamento de João Paulo II: a crítica do mundo moderno], 2006), de D. Pelletier (*La crise catholique: religion, société, politique en France (1965-1978)* [A crise católica: religião, sociedade e política na França (1965-1978)], 2002) e de C. Béraud (*Prêtres, diacres, laïcs: révolution silencieuse dans le catholicisme français* [Padres, diáconos, laicos: revolução silenciosa no catolicismo francês], 2007).

## II – O início do Grupo de Sociologia das Religiões do CNRS

Ao mesmo tempo que a sociologia do catolicismo se desenvolvia, o *Grupo de Sociologia das Religiões*,[8] na França, interessava-se por outros universos religiosos e refletia sobre o estado e os métodos da disciplina sociológica aplicada aos fenômenos religiosos à luz de diversos autores "clássicos". H. Desroche (1914-1994) demonstrou imediato interesse pelos não conformistas sectários, pelas "religiões de contrabando" (segundo o título dado a uma série de estudos publicados em 1974) e pelos messianismos. Seus estudos sobre *Les shakers américains: d'un néochristianisme à un présocialisme* [Os *shakers* norte-americanos: de um neocristianismo a um pré-socialismo] (1955), sobre os messianismos (*Dieux d'hommes: dictionnaire des messianismes et millénarismes de l'ère chrétienne* [Deus de homens: dicionário dos messianismos e milenarismos da era cristã],

---

[8]  Sobre o início do GSR, ver Poulat, Le groupe de sociologie des religions: quinze ans de vie et de travail (1954--1969), *Archives de Sociologie des Religions*, n.28, p.3-92.

1969), sobre as utopias sociorreligiosas (devemos a este autor os estudos sobre Saint--Simon, Owen e Fourier) e sobre as relações entre socialismos e religiões (*Marxisme et religions* [Marxismo e religiões], 1962; *Socialismes et sociologie religieuse* [Socialismos e sociologia religiosa], 1965) constituem uma contribuição decisiva à sociologia das representações imaginárias. Ao mostrar que a imaginação messiânica não era apenas socialmente determinada, mas também socialmente determinante, e que ela possuía um grande poder de transformação social pela transfiguração do presente que ela operava – articulando uma memória, que funda uma nova genealogia e se refere a um passado mítico, e uma visão de futuro, na qual a realidade presente se atenua em benefício de uma realidade que ainda está por vir –, Desroche expandia consideravelmente o campo da "sociologia religiosa" e abria um diálogo construtivo com o marxismo.[9] F.-A. Isambert, em seus primeiros trabalhos, estudou as relações entre o catolicismo e

---

[9] Sua *Sociologie de l'espérance* [Sociologia da esperança], publicada em 1973, oferece uma introdução notável a sua obra.

o mundo operário (*Christianisme et classe ouvrière* [Cristianismo e classe operária], 1961) e analisa algumas origens da sociologia (*De la charbonnerie au saint-simonisme* [Da carvoaria ao saint-simonismo], 1966; *Buchez ou l'âge théologique de la sociologie* [Buchez ou a idade teológica da sociologia], 1967). Articulando de um modo crítico a herança lebrasiana e durkheimiana, ele desenvolveria, mais tarde, uma análise do rito (*Rite e efficacité symbolique* [Rito e eficácia simbólica], 1979) e se questionaria sobre a gênese social e intelectual dos conceitos de "sagrado" e de "religião popular" (estudos reunidos em 1982 no *Le sens du sacré: fête et religion populaire* [O sentido do sagrado: festa e religião popular]). A partir de uma análise das transformações do ritual católico dos moribundos em particular, F.-A. Isambert chamará a atenção dos pesquisadores para o processo de "secularização interna do cristianismo", antes de se dedicar, sobretudo, à sociologia da ética (*De la religion à l'éthique* [Da religião à ética], 1992). J. Maître vai estudar, particularmente, a evolução do clero secular (*Les prêtres ruraux devant la modernisation des campagnes* [Os padres rurais diante da modernização dos campos], 1967;

e com J. Potel e P. Huot-Pleuroux, *Le clergé français* [O clero francês], 1967), ao mesmo tempo que refletia sobre o uso dos métodos matemáticos na sociologia religiosa (*Sociologie religieuse et méthodes mathématiques* [Sociologia religiosa e métodos matemáticos], 1972). Em seguida, ele se interessará pelo estudo da vida dos místicos, articulando as contribuições da psicanálise e da sociologia (*Mystique et féminité: essai de psychanalyse sociohistorique* [Mística e feminilidade: ensaio de psicanálise sócio-histórica], 1997, que seria a continuação de quatro monografias clínicas escritas entre 1993 e 1995). É. Poulat redige toda uma obra dedicada à sociologia histórica do catolicismo, concentrada na análise profunda das relações entre a Igreja católica e o mundo moderno. Do estudo da crise modernista (*Histoire, dogme et critique dans la crise moderniste* [História, dogma e crítica na crise modernista], 1962) ao estudo dos padres-operários (*Naissance des prêtres-ouvriers* [Nascimento dos padres-operários], 1965), passando pela análise do catolicismo intransigente (ver em particular *Intégrisme et catholicisme intégral* [Integralismo e catolicismo integral], 1969; e *Église contre bourgeoisie. Introduction au devenir du catholicis-*

*me actuel* [Igreja contra burguesia], 1977), toda a obra de Poulat demonstra que, para se entender o futuro do catolicismo, deve--se levar em conta a lógica própria de sua tradição e de seu sistema eclesiástico e as tensões específicas que caracterizam seu universo. Poulat analisará, em particular, os complexos jogos estabelecidos entre "a burguesia dominante, a instituição católica e o movimento socialista" nos séculos XIX e XX, nos quais cada um desses grupos encontraria sua própria maneira de limitar a intransigência doutrinal quando confrontados com a realidade da prática.

Jean Séguy, que ingressa no *Grupo de Sociologia das Religiões* em 1960, lança-se em um estudo do mundo sectário protestante (*Les sectes protestantes dans la France contemporaine* [As seitas protestantes na França contemporânea], 1956) ao consagrar um estudo sócio-histórico magistral às *Assemblées anabaptistes-mennonites de France* [Assembleias anabatistas-menonistas da França] (1977). Ele se dedicará, também, aos ecumenismos (*Utopie coopérative et oecuménisme: Pieter Cornelisz Plockhoy van Zurik-Zee, 1620-1700* [Utopia cooperativa e ecumenismo], 1968; e *Les conflits du dialogue* [Os conflitos do diálogo], 1973). A contribuição de J. Séguy é, igualmente, a prática de uma referência constante aos parâmetros teóricos propostos por Weber e Troeltsch, autores aos quais ele sensibiliza um grande número de jovens pesquisadores (*Christianisme et société: introduction à sociologie de Ernst Troeltsch* [Cristianismo e sociedade: introdução à sociologia de Ernst Troeltsch], 1980). Através de diversos artigos, em particular de estudos de sociologia histórica (por exemplo, sobre L.-M. Grignion de Montfort), Séguy aprofundará ainda mais a reflexão sociológica sobre o carisma.

Expansão e aprofundamento da sociologia do catolicismo,[10] atenção particular dada às seitas e aos messianismos, trabalho teórico sobre os precursores da sociologia das religiões e introdução da sociologia alemã das religiões na França constituem a contribuição essencial lebrasiana ao *Grupo de Sociologia das Religiões* do CNRS.

---

[10] Bonnet, membro do *Grupo de Sociologia das Religiões* desde 1961, estudará o catolicismo em escala regional. Ver seu notável estudo *Sociologie politique et religieuse de la Lorraine*.

Com os trabalhos de Doris Bensimon e de Jacques Gutwirth sobre o judaísmo, de Jean-Pierre Deconchy em psicologia social experimental, o *Grupo* expandirá seus horizontes de pesquisas não somente para além das religiões cristãs, mas, também, diversificando suas abordagens disciplinares (abrindo-se à psicologia social e à antropologia). No início do século XXI, os trabalhos de S. Tank-Storper (*Juifs d'élection: se convertir au judaïsme* [Judeus por opção: converter-se ao judaísmo], 2007) e de D. Schapper, C. Bordes-Benayoun, F. Raphaël (*La condition juive en France: la tentation de l'entre-soi* [A condição judaica na França: a tentação entre eles], 2009) viriam renovar a sociologia do judaísmo.

## III – Primeiros passos da sociologia do protestantismo

Interesses eclesiásticos e pesquisa sociológica viriam interferir, também, no protestantismo, que se confrontaria, como o catolicismo, com os desafios da sociedade moderna. Já mencionamos, antes, o início de uma sociologia estreitamente ligada ao cristianismo social protestante nos Estados Unidos (o *Social Gospel*). Na Europa, foi bem mais tarde, mais precisamente nos anos 1960, que diversos trabalhos de sociologia do protestantismo emergiriam. Eles conduziriam a determinadas formas de institucionalização eclesial da pesquisa (como, por exemplo, em Hannover, a *Pastoralsoziologische Arbeitsstelle* da Igreja luterana na Alemanha). Na França, vários estudos, em particular os de F.-G. Dreyfus,[11] contribuíram com o conhecimento sociodemográfico da minoria protestante francesa.

A sociologia do protestantismo demonstrará um interesse imediato pela História.[12] Assim, E.-G. Léonard em seu magistral *Histoire générale du protestantisme* [História geral do protestantismo] (3 volumes, 1961-1964) ressalta, paralelamente, a rica diversidade do protestantismo e a importância da memória histórica na identidade desse grupo. Tal ênfase mostra-se particularmente forte

---

[11] Com A. Coutrot, F.-G. Dreyfus elaborará um balanço do lugar e do papel das religiões na França, que será extremamente útil (*Les forces religieuses dans la société française*).

[12] Ver Willaime, Les apports de la sociologie à l'étude du protestantisme français contemporain, *Bulletin de la Société de L'Histoire du Protestantisme Français*, v.148, p.1011-33.

quando esse autor tratou dos protestantismos minoritários, estes preocupados com sua subsistência demográfica e cultural. Em suas pesquisas sócio-históricas e sociopsicológicas, Léonard tenta distinguir a especificidade do "protestantismo francês", como indica o título de um de seus livros (*Le protestantisme français* [O protestantismo francês], 1955). Detectamos também, nesse autor, uma certa ênfase com relação à doutrina: "Um conhecimento exato das posições da Reforma é necessário a quem quiser se dedicar à simples contagem dos 'fiéis'".[13] Durante os anos em que a sociologia quantitativa predominou nos estudos sociológicos, Léonard relativizava sua importância, chamando a atenção para a sociologia histórica e para a psicologia no estudo de uma religião que, além de seu aspecto minoritário, atribui uma grande importância aos comportamentos individuais.

Vários estudos analisaram, em particular, a relação entre os indivíduos e as instituições eclesiásticas, a situação dos eclesiásticos e a questão da colaboração clero/laicos

---

[13] Léonard, Les conditions de la sociologie protestante en France, *Archives de Sociologie des Religions*, n.8, p.128.

(repartição dos papéis). Na Suíça, sociólogos como Roland J. Campiche (*Urbanisation et vie religieuse* [Urbanização e vida religiosa], 1968) e Christian Lalive d'Epinay (*Religion, dynamique sociale et dépendance: les mouvements protestants en Argentine et au Chili* [Religião, dinâmica social e dependência: os movimentos protestantes na Argentina e no Chile], 1975), inscreverão, desde o início, suas análises nos parâmetros da sociologia geral, mesmo que sejam também sensíveis às especificidades protestantes. Uma *Kirchensoziologie* [sociologia das Igrejas] se desenvolverá na Alemanha, onde as Igrejas iniciaram diversos estudos para avaliarem melhor sua situação, em particular para a apreensão do fenômeno das "saídas da Igreja" (*Kirchenaustritte*): ver a grande investigação efetuada pela Igreja evangélica alemã em 1972 (os resultados foram publicados em 1974 sob o título *Wie stabil ist die Kirche?* [Como está a estabilidade da Igreja?]), pesquisa que foi refeita em 1982 (*Was wird aus der Kirche?* [O que pertence à Igreja?], 1984). Apesar da grande tradição teórica da sociologia alemã, a "sociologia das Igrejas" influenciou a sociologia da religião na Alemanha (o que Thomas Luckmann denunciará, em 1963, em *Das Problem der Religion in der modernen Gesellschaft: Institution, Person und Weltanschauung* [O problema da religião na sociedade moderna: instituição, pessoa e visão de mundo]). Recentemente, as pesquisas em sociologia do protestantismo se dividiram em duas direções: uma explorando o modo como os protestantes vivem o cristianismo individual e coletivo; e outra, desenvolvida em particular por S. Fath, analisando as características e o impacto dos protestantismos evangélicos e pentecostais.[14]

## IV – A prática do culto e a quantificação

A prática do culto é um indicador utilizado por um grande número de pesquisadores, mesmo que estes tenham o cuidado de relativizarem-na. Nas grandes investigações, as categorias utilizadas possuem uma grande semelhança com a tipologia original proposta por Le Bras.

---

[14] Martin, *Pentecostalism: The World their Parish*; Fath, *Billy Graham, pape protestant?*; Id. (org.), *Le protestantisme évangélique: un christianisme de conversion, entre ruptures et filiations*; Id., *Du ghetto au réseau: le protestantisme évangélique en France (1800-2005)*.

Assim, na França, distinguimos: os *praticantes dominicais* (que vão à missa uma ou várias vezes por semana); os *praticantes mensais* (uma ou duas vezes por mês); os *praticantes ocasionais* (algumas vezes por ano, nas grandes festas); os *não praticantes* (que nunca vão à missa ou somente em cerimônias particulares); os *sem-religião*; e a categoria *outras religiões*. Nessa categorização, além das mudanças de terminologia, perceberemos o acréscimo da categoria *outras religiões*, assim como a extensão da categoria *praticantes regulares*: estes não designariam somente os *praticantes dominicais*, mas também, desde 1970, os *praticantes mensais*. O que prova que a simples categorização dos praticantes teve que levar em conta as evoluções sociorreligiosas globais e suas consequências sobre o alcance social de um ou de outro gesto.

A utilização sistemática da prática do culto como indicador privilegiado na avaliação da vitalidade religiosa de uma população questiona a pertinência desse indicador na sociologia das religiões, do mesmo modo que ela vem acrescentar uma questão mais abrangente sobre a pertinência da própria quantificação na sociologia das religiões.[15] A importância central atribuída a este indicador é incontestavelmente associada, na ótica de Le Bras, ao aspecto obrigatório dos cânones impostos aos participantes da missa no catolicismo romano. Em nenhuma outra confissão religiosa – como o protestantismo ou o anglicanismo – nem em outras religiões – como o judaísmo e o islã – é atribuído um papel tão importante aos participantes regulares de um serviço de culto. Os sociólogos do protestantismo foram conduzidos a diferenciarem a abordagem lebrasiana, relativizando a importância da prática do culto como indicador de vitalidade religiosa. Como na teologia protestante os participantes do culto não possuem nenhuma obrigação, tais sociólogos consideraram importante levar esse aspecto em conta na análise sociológica dos grupos protestantes. De fato, os índices de participação se revelam sempre mais baixos nas igrejas protestantes do

---

[15] Ver *L'observation quantitative du fait religieux*, Lille, *Centre d'Histoire de la Religion du Nord et de l'Europe du Nord-Ouest de l'Université Charles de Gaulle* – Lille III, 1992.

que nas igrejas católicas. Mesmo no que diz respeito ao catolicismo, a questão de como avaliar a vitalidade religiosa foi colocada, provavelmente, unicamente a partir das prescrições institucionais dessa religião. Não cabe ao sociólogo determinar quem é o bom católico e quem não é. Em compensação, é ele quem deve estudar as diversas formas de ser católico, sejam elas ortodoxas ou não, segundo os critérios ditados pelo magistério romano. A cultura religiosa católica, como toda cultura religiosa, manifesta, de fato, diversas tensões e encobre uma multidão de atitudes.

Feitas tais colocações, podemos, contudo, afirmar que o excesso inverso dessas constatações consistiria em negar todo valor da prática do culto como indicador. Alguns podem, inclusive, tentar fazê-lo com nobres objetivos. Consequentemente, deve-se multiplicar os indicadores e verificar como a prática do culto se situa em relação a outros critérios de medida de compromisso religioso. Guy Michelat demonstrou muito bem a forte correlação que existe, no catolicismo, entre o nível de práticas e o nível de crenças, a partir da construção de escalas de atitudes: "O nível de práticas sobe paralelamente ao nível de crenças".[16]

A partir destas afirmações, acreditamos que a prática do culto deve continuar a ser utilizada como indicador da vitalidade religiosa. O que não nos impede de levarmos em conta as mutações do comportamento religioso e as mudanças correlativas na percepção social de um ou outro gesto religioso. Neste sentido, a expansão da categoria das práticas regulares às práticas mensais parece judiciosa devido às mudanças do contexto sociocultural da prática (o gesto socialmente expresso em um ambiente de prática majoritária, como o praticante da missa – mesmo aquele que a pratica mensalmente – expressa um gesto mais individualizado em um ambiente de prática minoritária).

Quanto à questão da pertinência dos métodos quantitativos da vida religiosa, ela é definitivamente complexa: o que quantificar? como quantificá-lo? como interpretar o que foi quantificado? O fato de ir ou não

---

[16] Michelat, L'identité catholique des français, I: les dimensions de la religiosité, *Revue Française de Sociologie*, n.3, v.31, p.373.

Sociologia das religiões

ir a um serviço religioso se deixa quantificar sem muita dificuldade devido a sua objetividade. Em compensação, o campo das crenças se revela muito mais difícil de se quantificar, pois a medida das crenças implica uma interação social que requer alguns pressupostos:

> Questões aparentemente "fáceis" como "Você acredita em Deus?" ou "Jesus Cristo era o filho de Deus?" não são "perguntas de opinião" ordinárias, pois obrigam as pessoas entrevistadas a tomar uma posição individual com relação a um credo que é, normalmente, proclamado somente no contexto de um ritual coletivo no qual a adesão aos dogmas se encontra imediatamente despersonalizada.[17]

Dois exemplos mencionados pelos sociólogos britânicos ilustram perfeitamente a dificuldade dessa empreitada. G. Davie menciona a pergunta e a seguinte resposta:[18] *Do you believe in a God who can change the course of*

---

[17] Héran, Le rite et la croyance, *Revue Française de Sociologie*, n.2, v.27, p.262.

[18] "Você acredita em um Deus que pode mudar o curso dos eventos na Terra?", "Não, somente em um Deus ordinário". (N. T.)

*events on earth?", "No, just the ordinary one".*[19] Quanto à G. Ahern, ele cita esta resposta: "Eu acredito no Natal".[20] Toda a complexidade das relações pessoais estabelecidas com um universo sociorreligioso determinado e, por conseguinte, as dificuldades em sua quantificação, são, aqui, perceptíveis.[21]

Devido ao fato da quantificação permitir a análise da vitalidade religiosa de uma população, ela pode também veicular, mais ou menos conscientemente, uma representação da vida religiosa em termos de progressão ou de declínio que não é fácil de manipular devido à proximidade que ela tem com uma visão avaliativa da religião (em particular com a visão dos padres e militantes religiosos que, mesmo sendo um *leitmotiv*, sempre acham o comprometimento religioso dos "fiéis" insuficiente, seja ele distante ou comedido), sem, contudo, se confundir com ela. Ao mesmo tempo, uma quantificação

---

[19] Davie, An Ordinary God: The Paradox of Religion in Contemporary Britain, *British Journal of Sociology*, n.3, v.41, p.395.

[20] Ahern; Davie, *Inner City God*, p.80.

[21] Com relação a esta questão, referimo-nos também à análise crítica das pesquisas de opinião feitas por J. Sutter em *La vie religieuse des français à travers les sondages d'opinion*.

permite, pela objetivação que ela implica, relativizar de modo útil vários discursos sobre a religião que aumentam desproporcionalmente um ou outro fato: assim, a medida quantitativa da prática religiosa das populações muçulmanas implantadas na Europa seria relativizada pelos baixos índices de prática que ela revela, contradizendo, assim, a imagem social de uma religiosidade desvairada desta população. O fato de permitir a realização de comparações no tempo (repetindo uma pesquisa similar alguns anos mais tarde) e no espaço (utilizando um mesmo questionário em diferentes países) aumenta, assim, apesar da grande complexidade dessa empreitada e dos seus limites, o interesse das abordagens quantitativas (ver as investigações europeias feitas pelo *European Values Systems Study Group* [Grupo de Estudos do Sistema de Valores Europeu] e comentadas pelos sociólogos de diferentes países).

A religião não se reduz às práticas nem às crenças. Em 1962, Charles Y. Glock[22] distin-

---

[22] Glock, On the Study of Religious Commitment, *Research Supplement, Religious Education*, n.4, v.57. Retomado em Glock; Stark, *Religion and Society in Tension*, p.18-38.

guiu cinco dimensões da "religiosidade": uma *experimental* (a vida espiritual, a experiência efetivamente definida como religiosa), uma *ritualista* (os atos realizados, as práticas), uma *ideológica* (ênfase maior dada às crenças do que aos sentimentos religiosos), uma *intelectual* (o conhecimento dos dogmas e dos textos sagrados) e uma *consequencial* (as consequências das experiências, das práticas e das crenças religiosas dos indivíduos nas diferentes áreas de sua vida).

Polêmica, essa abordagem multidimensional da religiosidade oferece, contudo, a vantagem de poder considerar o lugar relativo que ocupa cada uma dessas dimensões segundo os universos religiosos estudados: por exemplo, a dimensão ritualista seria central no confucionismo mas marginal no protestantismo; em compensação, a dimensão teológica seria central no protestantismo mas marginal no confucionismo.[23] Dentro do próprio cristianismo, a dimensão ritualista seria mais importante na ortodoxia e no catolicismo do que no protestantismo.

---

[23] L. Vandermeersch apresenta o confucionismo como uma "tradição sem teologia" (Delumeau (dir.), Le confucianisme, *Le fait religieux*, p.587).

Porém, ao tentarmos medir a religiosidade, tendemos, também, a introduzir na grade de investigação os critérios de ortodoxia e de ortopraxia do próprio grupo religioso em questão, e, por conseguinte, concluirmos, de acordo com tais critérios, que existem pessoas mais religiosas que outras.

## V – A organização internacional de pesquisa e sua desconfessionalização

A internacionalização da pesquisa facilitou muito sua desconfessionalização. Seja no próprio Comitê de Pesquisa 22 da Associação Internacional de Sociologia ou no Comitê de Pesquisa 12 da Associação Internacional dos Sociólogos de Língua Francesa, sociólogos de horizontes diversos confrontam, cada vez mais, suas abordagens, praticando a crítica mútua. A história de uma sociedade científica como a Sociedade Internacional de Sociologia das Religiões é particularmente significativa.[24]

---

[24] Ver Poulat, La CISR de la fondation à la mutation: réflexions sur une trajectoire et ses enjeux, *Social Compass*, n.1, v.37, p.11-13.

Em 1948, foi fundada pelo cânone Jacques Leclerq, no Louvain, a Conferência Internacional de Sociologia Religiosa (CISR). Apesar de sua intenção inicial de fundar uma associação não confessional ("O grupo não é confessional, ele é aberto a qualquer pessoa que se interesse pelos problemas da sociologia religiosa no plano científico", afirmava o cânone Leclerq em 1948 na resolução que marcava o nascimento da associação), a CISR era, no início de suas atividades, uma associação católica que reunia pessoas com laços estreitos com a Igreja católica romana. Poulat (1990, p.17) dizia sobre a CISR que ela não representou "uma sociologia geral ou comparada do fenômeno religioso na totalidade de suas manifestações, mas uma sociologia delimitada pela sua comunidade de pertença". A pressão eclesiástica sobre a CISR era muito forte, pois considerava a sociologia como uma ciência auxiliar da pastoral. E ela deveria "prestar serviços consideráveis à Igreja", graças ao conhecimento positivo que ela poderia transmitir sobre "as condições sociais da vida religiosa" (documento de 1949). Ela focaria a metodologia e a pesquisa, cujas preocupações

Sociologia das religiões

teriam como fundamento questões como "Igreja e mundo urbano" e "as vocações sacerdotais" (ver a 5ª conferência realizada em Louvain em 1956). Distanciando-se cada vez mais das delimitações pastorais, no intuito de se abrir à pluralidade das religiões, a CISR se desconfessionalizará em Opatija, em 1971; em 1981, ela trocará seu nome, intitulando-se Conferência Internacional de Sociologia das Religiões e, em 1989, em Helsinque, Sociedade Internacional de Sociologia das Religiões.

Na França, uma evolução similar aconteceria, em 1971, com a transformação do Centro Católico de Sociologia Religiosa (criado em 1952) em Associação Francesa de Sociologia Religiosa, que acolhia pesquisadores que trabalhavam sobre diversos meios religiosos (a associação se chama, hoje, Associação Francesa de Ciências Sociais das Religiões). A pesquisa não pode ser concebida sem suas respectivas revistas. Algumas evoluções são, também neste aspecto, significativas. *Social Compass*, originalmente uma revista holandesa fundada em 1953 pelo Instituto Católico Socioeclesiástico (KSKI) de Haia, foi publicada no Louvain a partir de 1968 e se tornou, pouco a pouco, juntamente com os *Archives des Sciences Sociales des Religions*, uma das principais revistas universitárias da sociologia das religiões na Europa. Nos Estados Unidos, a Sociedade Norte-Americana de Sociologia Católica, que havia publicado, de 1940 a 1963, *The American Catholic Sociological Review*, se tornará a Associação para a Sociologia das Religiões, que publicará, a partir de 1964, a revista *Sociological Analysis* (que hoje se chama *Sociology of Religion*). Na França, a criação de uma revista do CNRS dedicada ao estudo da sociologia das religiões em 1956 (*Archives de Sociologie des Religions*) marcou um avanço decisivo: traduções e apresentações de clássicos da disciplina, estudos empíricos e teóricos originais, boletins bibliográficos bem documentados iriam fazer desta revista um importante polo da pesquisa internacional. Em 1977, marcando sua abertura pluridisciplinar, ela modificará seu título para *Archives de Sciences Sociales des Religions*. Em 1985 surge, na Grã-Bretanha, o *Journal of Contemporary Religion*. Em 2010, foi publicado o primeiro número do *Annual Review of the Sociology of Religion*, elaborado por G. Giordan (Itália).

### Capítulo III
# O religioso contemporâneo no espelho da sociologia

"Novos movimentos religiosos", extremismos religiosos de diferentes formas, sincretismos e ecumenismos, laços estreitos entre religiões, identidades étnicas e políticas em um grande número de países, religiosidades seculares, fronteiras móveis entre religião e terapêutica, evoluções em crenças flexíveis e pragmáticas (religiões *à la carte*), são alguns dos diversos fenômenos que, hoje, se apresentam, particularmente, à observação do sociólogo das religiões, mesmo que o religioso contemporâneo não se reduza a esses temas. Todos eles revelam, contudo, de um modo ou de outro, a persistência da importância social do religioso, mesmo nas sociedades conhecidas como secularizadas. A análise desses aspectos contemporâneos do religioso que manifestam as profundas mutações em curso permitirá questionar, no capítulo seguinte, as teorias da secularização e, ao mesmo tempo, reconsiderar o problema das relações entre religião e modernidade.

## I – Os "novos movimentos religiosos"

Muitos sociólogos, com destaque para os britânicos Eileen Barker,[1] James A. Beckford[2] e Bryan Wilson,[3] enfatizaram o surgimento de novos grupos religiosos nas sociedades ocidentais, em particular naqueles que se referem às tradições orientais. Evitaremos usar o termo "seita", por essa razão os cha-

---

[1] Barker (org.), *New Religions Movements: A Perspective for Understanding Society*; Id., *New Religions Movements: A Practical Introduction*.

[2] Beckford, *Cult Controversies. The Societal Response to New Religions Movements*; Id. (org.), *New Religious Movements and Rapid Social Changes*.

[3] Wilson, *The Social Dimensions of Sectarianism: Sects and New Religious Movements in Contemporary Society*.

maremos "novos movimentos religiosos". Os diferentes elementos dessa qualificação podem, na realidade, ser questionados: esses fenômenos são realmente novos? Por que chamá-los de movimentos? Podemos afirmar que pertencem ao campo religioso? Essas perguntas devem ser feitas para cada grupo ou rede observados. Mas podemos manter a expressão "novos movimentos religiosos" para designar, de um modo geral, um conjunto diverso de realidades sociorreligiosas que se desenvolveram em várias sociedades nessas últimas décadas. Mesmo se tal fenômeno é apresentado de um modo exagerado pela mídia, ele não é, em si, contestável. Grupos desconhecidos até então ocuparam, efetivamente, certo espaço na paisagem religiosa ocidental e não ocidental.

Podemos distinguir algumas características importantes desses novos movimentos religiosos. Eles são frequentemente muito modernos no que diz respeito à sua organização e suas técnicas de divulgação. A experiência é, ali, valorizada: os indivíduos são convidados a aderir a um corpo de doutrinas, e não a experimentar uma forma de sabedoria que lhes traria supostamente certo bem-estar. O poder religioso se exerce, nesses movimentos, de um modo sutil, pois o indivíduo sempre é remetido à sua própria visão das coisas, mesmo se as práticas aplicadas são codificadas. Podemos afirmar que tais práticas se identificariam mais com uma religião de laicos do que com uma religião de sábios, pois, neles, são os usuários que, de certo modo, impõem sua lei. A religião desses movimentos é voltada para a vida aqui na Terra. Neste sentido, a ordem social existente é confirmada, pois esses grupos se socializam em harmonia com os valores dominantes ao mesmo tempo que expressam certo estranhamento com relação à sociedade abrangente. Em alguns casos, um grande espaço é dado à expressão das emoções ou, ao contrário, ao seu controle racional. As redes construídas por esses movimentos são internacionais e constituem verdadeiras multinacionais dos bens de salvação. A plasticidade das crenças, a flexibilidade das participações e a fluidez das pertenças facilitam a mobilidade e a circulação de um grupo a outro. Tais movimentos se apresentam frequentemente como não exclusivos com relação a outras religiões existentes, admitindo, assim, a multipertença. Eles desenvolvem uma visão holística ao tentar reconciliar oposições clássicas entre o indivíduo, a sociedade e o cosmos, o espiritual e o material. Eles atribuem uma importância central à saúde e pretendem, repetidamente, constituir uma alternativa terapêutica à medicina secular.[4]

Passamos, insensivelmente, como constatou Pierre Bourdieu,[5] da cura dos corpos à cura das almas e vice-versa. Por esta razão, podemos hesitar em falar de religioso quando nos referimos a alguns desses movimentos. Em contrapartida, se um grande número deles surgiu recentemente nas sociedades ocidentais, poucos são radicalmente novos. Se voltarmos nosso olhar às áreas culturais africanas, asiáticas e latino-americanas, perceberemos que esse tipo de fusão entre movimentos religiosos, de sincretismos, já vem se manifestando há tempos. Além disso, os não conformistas religiosos existem no Ocidente há muito, onde nos acostumamos a ver o religioso somente por meio de suas

---

[4] McGuire, Religion and Healing. In: Hammond (org.), *The Sacrade in a Secular Age*, p.268-84.

[5] Bourdieu, Le champ religieux dans le champ de la manipulation symbolique. In: Vincent (org.), *Les nouveaux clercs*, p.255-61.

formas mais autorizadas. Enfim, muitos dos movimentos se institucionalizaram e se tornaram empresas burocráticas que se aproximam do tipo webero-troeltschliano de Igreja. Contudo, o surgimento de tais movimentos nas sociedades mais desenvolvidas mostra que a modernidade é o palco de inovações religiosas que comportam traços eminentemente modernos. Uma religiosidade paralela que apresenta múltiplas facetas se desenvolveu, provocando preocupações sociais (associações antisseitas) e reações dos poderes públicos (missões de vigilância e de luta contra as derivas sectárias).[6] O fenômeno invadiu também a China (em particular com o movimento Falung Gong)[7] e a Rússia, onde, hoje, se manifestam todos os tipos de movimentos religiosos surgidos no Ocidente nos anos 1970-1980.[8]

---

[6] Ver Luca, *Les sectes*.

[7] Palmer, *La fièvre du gigong: guérison, religion et politique en Chine, 1949-1999*.

[8] Agadjanian, Les cultes orientaux et la nouvelle religiosité en Russie, *Revue d'Études Comparatives Est-Ouest*, n.3-4, v.24, p.155-71.

Sociologia das religiões

# II – Os integralismos e os progressismos

Diversas formas de radicalismo religioso se desenvolveram nos anos 1980: integralismo católico, fundamentalismo protestante, judaísmo integral, movimento islamista, ortodoxia budista.[9] Mesmo se esse fenômeno concerne a todas as religiões, devemos, contudo, levar em conta que cada uma é atingida em graus diversos. Seria, então, pertinente considerá-lo sob um conceito único, o de integralismo, por exemplo? Acreditamos que reunir um conjunto de diferentes religiões sob um mesmo conceito representa uma empreitada leviana, pois cada tradição religiosa se radicaliza segundo sua própria lógica e os efeitos sociais dessa radicalização não são necessariamente os mesmos em cada uma; neste caso, seria indiferente falar de integralismo ou de fundamentalismo.

O conceito de integralismo teve sua origem na crise do catolicismo na época

---

[9] Sobres esses extremismos em diferentes religiões e em diversos continentes, ver Marty; Appleby (orgs.), *Fundamentalismus Observed*; Patlagean; Bruce, *Fundamentalism*.

da publicação da primeira encíclica social (*Rerum Novarum*), em 1891, durante a qual diversos modos de apreender a reconquista da sociedade pelos católicos foram confrontados: seja através da restauração da Igreja com suas antigas prerrogativas, seja através da evangelização dos homens em seus diferentes meios (programa da Ação Católica: "Nós faremos nossos irmãos se tornarem cristãos outra vez"). Em outras palavras, essa crise questionou, como Émile Poulat mostrou brilhantemente,[10] duas diferentes versões da intransigência católica, ou seja, duas versões da radical oposição que o catolicismo manifestava contra a modernidade, encarnada pelo liberalismo político e pelo liberalismo econômico. Recusando a abertura social e política reivindicada pelo catolicismo social, essa primeira onda "integralista" fará oposição, também, à abordagem dos textos bíblicos pelas ciências filológicas e históricas: essa controvérsia em torno do "modernismo" será marcada pela condenação de Alfredo Loisy (ver os trabalhos de Poulat).

---

[10] Poulat, La querelle de l'intégrisme en France, *Social Compass*, n.4, v.32, p.343-51.

O integralismo atual focou, em particular, a questão da interpretação do Concílio do Vaticano II, que prefere se autodesignar como tradicionalista. Esse movimento, encarnado pelo bispo Lefebvre (1905-1990), excomungado em 1988 depois de ter consagrado quatro bispos, opõe-se às diversas reformas e inovações introduzidas no catolicismo, e deseja instaurar as antigas formas de expressão e de culto: a missa deveria respeitar o ritual de Pio V, o catecismo de Pio X (ver o do Concílio de Trento) e as antigas traduções da Bíblia. Esse movimento tenta restaurar formas antigas de expressão com o objetivo de reafirmar a autoridade e a identidade do padre diante das mudanças religiosas precedentemente ocorridas.

Com relação ao radicalismo religioso protestante que também é bem antigo, falamos de fundamentalismo.[11] Esse termo nasceu nos Estados Unidos no início do século XX, quando alguns protestantes reagiram ao liberalismo social e ao *Social Gospel*, correntes que, segundo eles, ameaçavam os próprios

---

[11] Sobre o fundamentalismo protestante, ver o capítulo 3 de nosso livro *La précarité protestante: sociologie du protestantisme contemporain*; e Fath, *Militants de la Bible aux États-Unis: évangéliques et fondamentalistes du Sud.*

fundamentos da fé cristã. Eles enfatizaram as crenças essenciais do cristianismo ao publicarem uma série de volumes intitulados, justamente, *The Fundamentals*, o que lhes atribuiu a designação de fundamentalistas. Esses protestantes se opuseram, em particular, à concepção evolucionista darwinista, acreditando que essas teorias afetariam o ensino bíblico sobre a criação.

Nos Estados Unidos, nos anos 1980, protestantes fundamentalistas tentaram proibir, em vão, o ensino das teorias biológicas da evolução nas escolas públicas, afirmando que o ensino de tais teorias constituiria um atentado à neutralidade religiosa da escola. Em uma tradição religiosa que concede a primazia aos textos sagrados – neste caso, a Bíblia – como fonte de verdade religiosa, não é surpreendente constatar que a contestação introduzida pelo fundamentalismo gira em torno da questão da interpretação dos textos. Ao mesmo tempo que o integralismo católico visa a restauração de práticas institucionais anteriores, o fundamentalismo protestante se centra sobre a fidelidade à mensagem bíblica. Os fundamentalistas protestantes não são, porém, tradicionalistas que recusam a sociedade moderna: não somente eles utilizam frequentemente as técnicas modernas de comunicação como também aceitam o liberalismo político e econômico, mesmo que desejem moralizá-lo. Eles aspiram à retidão do comportamento dos atores e à conversão dos indivíduos. Eles pretendem restaurar a virtude – o modo como a concebem – e moralizar a sociedade manifestando um cristianismo ativo (o que explica um importante aparato educativo e social). O fundamentalismo protestante seria mais bem caracterizado por um rigor doutrinal e moral do que por um extremismo político.

No judaísmo, o radicalismo religioso se expressa através de duas grandes correntes: por um lado, os ultraortodoxos; por outro, os nacionalistas religiosos. Os ultraortodoxos reagem negativamente à modernidade e à secularização da sociedade. Eles pregam um judaísmo integral (Régine Azria),[12] quer dizer, uma vida integralmente vivida segundo o modo judaico, uma vida que respeite escrupulosamente as práticas da tradição (*shabat*, *mitzvah*…). Para alguns, isto significa se isolar o máximo possível da sociedade

---

[12] Azria, "Intégrisme juif"? ou la norme impossible, *Social Compass*, n.4, v.32, p.429-48.

circundante para evitar ser contaminado por ela: como a comunidade de Netourei Karta instalada no bairro ultraortodoxo de Mea Sheraim, em Jerusalém. Para outros, como os Hassidim de Loubavitch, significa, ao contrário, comprometer-se ativamente na sociedade laica para converter os fiéis ao judaísmo. Em Israel, esse modo de compreender o judaísmo se traduziu, no plano político, pelo avanço dos partidos ditos religiosos nas eleições de 1988, como o Agoudat Israel, que visam o predomínio das leis religiosas sobre as leis civis nas instituições e na vida do país. Os nacionalistas religiosos, em contrapartida, militam pela "Grande Israel", que seria o povoamento irreversível dos territórios conquistados durante a Guerra dos Seis Dias em 1967. Essa corrente é encarnada pelo Le Goush Emounim, o "bloco da fé".

O radicalismo islâmico corresponde a um movimento de ideias politicamente ativas inspirado pelo islã em todo o mundo muçulmano atual.

Esse movimento se inspira em uma figura marcante dos Irmãos Muçulmanos (movimento criado em 1928): o egípcio Sayyid Qutb, autor de uma crítica radical do regime nasseriano, e que será enforcado em 1966. Sua obra, escrita na prisão nos anos 1954-1966, serve de referência a um grande número de grupos extremistas. Nela, encontramos uma condenação das sociedades do século XX identificadas à *jahiliyya*, ou seja, à "barbárie", e uma chamada para a construção de um Estado islâmico. Neste movimento percebe-se uma mensagem de ruptura com relação à sociedade circundante, percebida como radicalmente corrompida e idólatra. Outra filiação do radicalismo muçulmano é uma associação pietista nascida na Índia em 1927, *la Jama'at al tabligh* ("Sociedade para a Propagação do Islã"). Para limitar a perda da identidade que constituía a assimilação do islã em uma sociedade hinduísta, essa associação pregava a imitação literal da conduta e dos comportamentos do profeta Maomé. Essa associação se desenvolveu pelo mundo inteiro, na África ocidental, no sudeste da Ásia e no Ocidente. Ela se instaurou na França no final dos anos 1960 onde encontrou um certo respaldo junto aos trabalhadores de tradição muçulmana imigrados.[13]

---

[13] Kepel, *Les banlieues de l'Islam: naissance d'une religion en France*.

A interpretação do radicalismo muçulmano é polêmica, principalmente no que diz respeito à sua dimensão religiosa. Enquanto alguns veem nesse radicalismo um "retorno do religioso", outros o apreendem essencialmente como um protesto sociopolítico. François Burgat o interpreta como "a voz do Sul".[14] Quanto à Mohamed Arkoun, ao contestar a existência de um "despertar muçulmano", afirma:

> O Islã é um *refúgio* da identidade de sociedades e grupos etnoculturais que foram arrancados de suas estruturas e valores tradicionais pela modernidade material; é também uma *toca* para todas as forças sociais que não podem se expressar politicamente em outros lugares que não sejam os espaços protegidos pela imunidade religiosa; é, enfim, um *trampolim* para aqueles que querem tomar o poder e eliminar os concorrentes.[15]

Ao estudar o mártir revolucionário no islã, F. Khosrokhavar mostrou o aspecto tragicamente paradoxal desses jovens mu-

---

[14] Burgat, *L'Islamisme au Maghreb: la voix du Sud*.
[15] Arkoun, Entretien, *Revue Tiers Monde*, n.123, v.31, p.502.

çulmanos que, excluídos do político e do consumo, sacralizam "seu desespero de viver a modernidade" através do martírio.[16]

Outros radicalismos religiosos tomam a forma de contrassociedades e constituem recintos sectários mais ou menos isolados com relação à sociedade abrangente. Esses grupos, que apresentam frequentemente dimensões apocalípticas, estruturam-se em torno de um chefe religioso carismático e são muito numerosos na história das religiões. Rompendo mais ou menos radicalmente com "o mundo", eles se adaptam, de um modo ou de outro, a seu ambiente ao reinterpretar sua mensagem profética e ao se organizar para durar. Alguns, como os Testemunhas de Jeová, tornaram-se até mesmo organizações extremamente burocráticas.[17] Sobre esse aspecto, os suicídios coletivos de grupos religiosos que ocorreram nos últimos anos são casos extremos e raríssimos que mostram, contudo, que o radicalismo religioso pode se tornar totalitário, quando um poder de morte é atribuído a seus membros: ver Jim Jones

---

[16] Khosrokhavar, *L'Islamisme et la mort: le martyr révolutionnaire en Iran.*

[17] Ver o estudo clássico de Beckford, *The Trumpet of Prophecy. A Sociological Study of Jehovah's Witnesse*s.

e o Templo do Povo em 1978, na Guiana,[18] David Koresh e a seita dos davidianos em 1993 em Waco, no Texas, Luc Jouret e Josehp Di Mambro, chefes da Ordem do Templo Solar (53 mortos no Quebec e na Suíça em 1994, 16 mortos na França em 1995).

De um modo geral, o messianismo, pela distância que ele introduz na ordem atual das coisas, é potencialmente portador de um protesto sociopolítico que pode chegar à destituição revolucionária. Michael Löwy, que estudou as utopias libertárias produzidas pelos meios judaicos da Europa Central, faz uma enfática afirmação quando diz que "algumas formas religiosas podem manifestar uma importante significação política, e outras formas de utopia social podem se impregnar de espiritualidade religiosa".[19]

Os radicalismos religiosos não caminham sistematicamente na direção de um conservadorismo e na defesa de valores considerados ameaçados. Outras formas que podemos qualificar de *progressistas* articulam religião e

---

[18] Gutwirth, Le suicide-massacre de Guyana et son contexte, *Archives de Sciences Sociales des Religions*, n.2, v.47, p.167-87.

[19] Löwy, *Rédemption et utopie. Le judaïsme libertaire en Europe centrale*, p.250.

protesto sociopolítico. Um dos exemplos mais significativos é o movimento latino-americano das comunidades eclesiais de base e das "teologias da libertação" particularmente ativo nos anos 1970 e 1980 (especialmente no Brasil e na América Central). Trata-se, efetivamente, não somente de uma produção teórica reunindo a tradição cristã em função da "opção preferencial pelos pobres" e de perspectivas de emancipação sociopolítica das massas populares, mas de um verdadeiro movimento social formado pelas "comunidades eclesiais de base", que constituem um movimento popular que permite a grupos sociais dominados converterem-se em atores ativos, mesmo se alguns os recriminam de "populismo clerical". As análises sobre a expansão pentecostal apresentam, contudo, um paradoxo: enquanto a teologia da libertação funda seu discurso sobre "a opção preferencial pelos pobres", são as igrejas pentecostais que se dirigem massivamente à essa categoria. Com o pentecostalismo, passamos da "emoção *pelos* pobres" a uma "emoção *dos* pobres".[20]

---

[20] Corten, Pentecôtisme et politique en Amérique Latine, *Problèmes d'Amérique Latine*, n.24, p.11.

## III – Religiões e política

Os progressismos, como os integralismos, reúnem, assim, profundamente, religiões e política. Tais laços não são, contudo, o privilégio de extremismos religiosos. Os laços estabelecidos entre o religioso e o político foram, e ainda são, frequentemente muito fortes. O poder foi, por muito tempo, efetivamente, investido de uma legitimação sagrada e a autonomização do político com relação a qualquer tutela religiosa que se observa no Ocidente é o resultado de um longo processo histórico: a emancipação do político em relação ao religioso não foi feita em um dia e, muitas vezes, traduziu ressacralizações seculares. Em contrapartida, se o político pôde se fazer religião, a religião pôde, também, se fazer política, seja de um modo pacifista ao legitimar o *status quo* político, seja, ao contrário, de um modo contestador ao legitimar mudanças sociopolíticas. Mesmo um grupo religioso que prega a distância dos combates locais pode gerar efeitos políticos. De fato, não existe um modo de falar com Deus que seja totalmente neutro sob o plano político, pois toda teologia veicula certa visão do mundo social, mesmo aquelas que não explicitam claramente essa visão. É importante, contudo, ressaltar que entre o grupo religioso do tipo *Igreja* e o do tipo *seita*, duas diferenças serão sempre sensíveis: um grupo religioso instalado na sociedade, vivendo em estreita simbiose com ela, não terá os mesmos efeitos políticos que um grupo em ruptura mais ou menos pronunciada com seu meio sociocultural. De um ponto de vista ideal-típico, podemos esperar que o primeiro se posicione mais pacificamente e o segundo, de modo contestador, o que não exclui o fato de que, empiricamente, podemos constatar que as instituições religiosas instauradas exerçam uma função profética enquanto os grupos em ruptura socializem com os valores dominantes. O não conformismo pode esconder o pacifismo e o conformismo, a contestação.

Unidade política e unidade religiosa foram sempre confundidas. O princípio *cujus regio, ejus religio*[21] desenhou o mapa religioso da Europa e várias delimitações territoriais

---

[21] Do latim: "de tal região, (segue) a sua religião". Referência ao princípio, adotado na Paz de Augsburgo (1555), segundo o qual cada líder de Estado poderia definir a religião a ser seguida em seu território. (N. E.)

pelo mundo guiam-se por esses critérios religiosos (ver o Paquistão muçulmano). A autonomização do político caminhou junto com o reconhecimento do pluralismo religioso. Tal reconhecimento significava que a unidade nacional passava por outro processo que o da tradição religiosa e que os indivíduos consideravam-se cidadãos independentemente da religião que tivessem. A Revolução Francesa foi, sob este aspecto, altamente significativa. Mas ela pode ao mesmo tempo ser interpretada como uma sacralização do político.

Como demonstrou Patrick Michel em relação à Europa soviética,[22] a religião pode constituir uma parede de proteção diante de um poder totalitário que, ao pretender absorver toda a sociedade civil na política, recusava a autonomia do religioso. Assim, a religião pôde, nos regimes comunistas, "posicionar-se como triplo vetor ativo de desalienação (na escala do indivíduo), de destotalização (na escala da sociedade) e de dessovietização (na escala

---

[22] Michel, *La société retrouvée. Politique et religion dans l'Europe soviétisée*.

da nação)".[23] Na China, como nos mostrou Françoise Aubin, o crepúsculo do comunismo ocorreu ao mesmo tempo que houve uma renovação tanto das religiões tradicionais chinesas, em particular o taoismo, quanto do islã e do cristianismo: o excesso do material resgatado pela liberalização econômica e ideológica dos anos 1980 "foi logo reinvestido na reconstrução dos lugares de culto e de organização de cerimônias coletivas onerosas e não em bens de consumo".[24] A menos que ele funcione como legitimação por trás de um totalitarismo, o religioso, pela alteridade que ele manifesta, é levado ainda mais fortemente a questionar o fechamento da sociedade sobre ela própria quando esta pretende erradicar a religião. Esse destaque do religioso no protesto antitotalitário, assim como o importante papel que ele pôde exercer na fase final do totalitarismo (ver a Igreja evangélica na ex- -RDA) mostra seu impacto sociopolítico em algumas circunstâncias. Ao mesmo tempo, esta transformação do religioso em força

---

[23] Ibid., p.10.

[24] Aubin, Chine: islam et christianisme au crépuscule du communisme. In: Kepel (org.), *Les politiques de Dieu*, p.143.

política não significa obrigatoriamente uma nova vitalidade religiosa. Seria a situação propícia para o surgimento do "praticante que não crê".

No plano das orientações políticas tais quais elas podem ser detectadas pelo estudo do comportamento eleitoral, os sociólogos constatam que a variável confessional é sempre importante. Guy Michelat e Michel Simon, em *Classe, religion et comportement politique* [Classe, religião e comportamento político] (1977), mostraram que o grau de integração ao catolicismo mantinha-se como a variável mais explicativa do comportamento político dos franceses, o que não impede o desenvolvimento relativo de um pluralismo político na população católica.[25] Na Alemanha, apesar da interconfessionalização dos partidos, constatava-se, ainda nos anos 1980, uma relação particular entre o voto na CDU e o catolicismo, por um lado, e o voto no SPD e o protestantismo, por outro.[26] Na América Latina, as teologias da

---

[25] Donegani, *La liberté de choisir: pluralisme religieux et pluralisme politique dans le catholicisme français contemporain*.

[26] Schmitt, Groupements confessionnels et groupements politiques. In: Maugenest; Merle. *France-Allemagne: églises et société du concile Vatican II à nos jours*.

libertação representam, como vimos, uma orientação religiosa que, partindo de uma opção preferencial pelos pobres, veiculam um questionamento das estruturas sociopolíticas. Nos Estados Unidos, a *moral majority* favoreceu a eleição de Ronald Reagan à presidência da República. O islamismo radical veicula, em diversos países, um protesto sociopolítico contra os regimes instaurados. Na Índia, o Bharatiya Janata Party prega uma nação hindu e questiona, assim, a laicidade do regime político indiano que garante o pluralismo religioso. O fato religioso intervém no processo europeu de integração. Hoje, tanto no âmbito da União Europeia quanto no do Conselho da Europa, muitos insistem na importância das heranças religiosas na constituição da identidade civilizacional da Europa. Mas o modo de expressar essa identidade suscita debates nos universos religiosos e laicos.[27]

A afirmação de uma soberania política é acompanhada frequentemente de uma ritualização e de uma simbolização que indicam uma tendência a ancorar os laços coletivos em uma dimensão metassocial, mesmo que

---

[27] Willaime, *Europe et religions: les enjeux du XXIè siècle*.

de uma forma alusiva. É esse fenômeno que designamos pela expressão *religião civil* e que podemos definir como um sistema de crenças e de ritos através dos quais uma sociedade sacraliza seu viver-junto e mantém uma devoção coletiva para com sua ordem.[28] Uma coletividade política, qualquer que seja, deve incessantemente manter o sentimento de coesão e de unidade nas populações que ela reúne, e toda soberania política inclui dimensões imaginárias e afetivas que tendem a sacralizá-la. A construção de uma representação da história, da *sua* história, valoriza o significado do sangue derramado e dos sacrifícios consentidos; a simbólica do vínculo coletivo através dos suportes materiais (bandeiras, monumentos…) e a realização de rituais geram e alimentam a devoção coletiva para com a pátria. Se trata-se de uma sacralização não religiosa, ela se alimenta, a maior parte do tempo, das religiões para se significarem, como se as referências puramente seculares fossem insuficientes: nos antigos países do Leste Europeu, as religiões

---

[28] Sobre a religião civil, ver Bellah; Hammond, *Varieties of Civil Religion*; e também Kleger; Müller (orgs.), *Religion des Bürgers: Zivilreligion in Amerika und Europa*.

civis que excluíam toda referência religiosa faliram muito rapidamente. Na Indonésia, a religião civil assume a forma de uma ideologia sincretista de Estado, ensinada nas escolas para ser usada como cimento simbólico comum aos habitantes, quaisquer que sejam seus grupos de pertença étnico e religioso: a ideologia pancasila funda-se na afirmação de um Deus único, na unidade indonésia, na democracia e na justiça social. No Japão, é o xintoísmo que preenche essa função desde que sucedeu ao culto imperial. Como nos mostrou S. Fath e M. B. McNaught com relação aos Estados Unidos,[29] essa religião civil evolui. Segundo C. Froidevaux-Metterie, a noção de religião civil constitui um credo civil comum através do qual os norte-americanos articulam os dois espíritos que caracterizam sua sociedade: o espírito de religião e o espírito de laicidade.[30] Na França, passamos, assim, do "civismo político-patriótico da República vitoriosa ao civismo político-ético de um Estado administrativo da democracia pluralista confrontada a diversos riscos co-

---

[29] Fath, *Dieu bénisse l'Amérique. La religion de la Maison Blanche*; McNaught, *La religion civile américaine: de Reagan à Obama*.

[30] Froidevaux-Metterie, *Politique et religion aux États-Unis*.

letivos", a uma religião civil dos direitos do homem que é muito ecumênica, mas que indica que não podemos negligenciar, em momento nenhum, em última instância, a introdução de elementos religiosos na legitimação da ordem social.[31]

## IV – Sincretismos e ecumenismos

O Brasil oferece um panorama religioso particularmente significativo no que concerne aos fenômenos de sincretismo. O catimbó – um culto de cura que se desenvolveu a partir de um núcleo de origem indígena –, o candomblé – a religião afro-brasileira por excelência que incorpora os santos da tradição católica – e a *umbanda* – corrente que interpreta as religiões afro-brasileiras e indo-brasileiras à luz do espiritismo – são algumas das expressões religiosas que articulam heranças diversas e manifestam a dinâmica evolutiva do religioso capaz de incorporar todos os tipos de contribuição, criando novas formas. Ao analisar essas

---

[31] Ver nosso estudo La religion civile à la française et ses métamorphoses, *Social Compass*, n.4, v.40, p.571-80.

religiões populares brasileiras, R. Motta[32] ressalta o paradoxo constituído pelo fato de essas religiões se desenvolverem no momento em que o Brasil se encontrava em plena mudança de sua estrutura econômica e social. Através dessa pesquisa de autentificação étnica que surgiu no âmago do processo de modernização brasileira, Motta pôde observar o movimento de um outro processo: o da desetnização, usando, para caracterizá-lo, o termo *identitofagia*. Essa identitofagia brasileira parece-nos reveladora de alguns aspectos da situação do religioso na ultramodernidade de um modo geral (ver capítulo IV). Encontramos, ali, efetivamente, vários traços do religioso moderno: a interpenetração de heranças religiosas diversas e as tendências ao sincretismo, religiões que ajudam a vivenciar o presente, uma apreensão imediata e experimental do sobrenatural, religiões de festa, estruturas nas quais a congregação local ocupa um espaço central. É o momento da mistura, dos sincretismos, dos contatos e interferên-

---

[32] Motta, Ethnicité, nationalité et syncrétisme dans les religions populaires brésiliennes, *Social Compass*, n.1, v.41, p.67-8.

cias múltiplas entre as diversas tradições religiosas, o sincretismo apresentando-se, inclusive, como uma das características mais importantes da cultura moderna atual. Sincretismos e ecumenismos são um dos vários aspectos do religioso contemporâneo.

A situação pluralista e o relativismo – somente 9% dos franceses de 18 anos ou mais consideravam, em 2008, "que não existe apenas uma religião verdadeira" (Pesquisa europeia sobre os valores) – incitam as religiões a desenvolverem relações entre si e a estabelecerem um diálogo, o que não significa, contudo, o fim dos conflitos religiosos. A *coabitação dos deuses*[33] suscita tanto diálogos quanto tensões. Os ecumenismos constituem uma reorganização das relações inter--religiosas na qual a diplomacia predomina sobre o confronto direto, sem excluir este último em algumas circunstâncias.[34] O ecumenismo é uma característica das sociedades secularizadas e pluralistas que precisa de atitudes ecumênicas para funcionar em toda a

---

[33] Lamine, *La cohabitation des dieux: pluralité religieuse et laïcité*.

[34] Ver, sob nossa direção, *Vers de nouveaux oecuménismes: les paradoxes contemporains de l'oecuménisme: recherches d'unité et quêtes d'identité*.

Sociologia das religiões

sua plenitude, ou seja, para administrar pacificamente um pluralismo que, ao mesmo tempo, exclui os extremismos. Se o Estado valoriza o pluralismo religioso, ele almeja, acima de tudo, um cordial entendimento entre as religiões. Por essa razão, os interesses de uma sociedade secularizada caminham para um pluralismo religioso ponderado através de um ecumenismo moderado: a diferença é necessária, mas uma diferença que não prejudique as práticas consensuais e uma coexistência pacífica. Em última instância, o Estado espera que essas religiões e tradições filosóficas diversas legitimem, cada uma de acordo com sua própria sabedoria, os princípios que constituem a base da democracia pluralista. Diante da desmotivação institucional e do aumento do descrédito na política, diante da necessidade de incitar os cidadãos a uma ética da responsabilidade (ecológica, por exemplo) para proteger e administrar a vida democrática, as ideologias portadoras do *éthos* da responsabilidade e da solidariedade são, assim, socialmente mobilizadas. As sociedades liberais precisam de agências sociais que forneçam a ética da fraternidade e da responsabilidade. Partidos políticos e sindicatos, instituições como a escola e a

129

mídia agem nesse sentido. Contudo, é surpreendente constatar o quanto as tradições religiosas são, hoje, solicitadas pelos poderes públicos para participar dessa educação ética. Ora, essas solicitações reforçam um ecumenismo ético não somente entre as confissões cristãs mas também com outras religiões.

## V – As religiosidades seculares

Em 1938, o filósofo austríaco Eric Voegelin publicou um livro intitulado *As religiões políticas* e, em 1944, Raymond Aron falou de "religiões seculares" ao referir-se ao nazismo e ao comunismo. Emilio Gentile distingue "a religião política" da "religião civil", a primeira constituindo "uma forma de sacralização da política que apresenta um aspecto exclusivo e integralista", e a segunda "uma forma de sacralização de uma entidade política coletiva que não se identifica com a ideologia de um movimento político particular".[35] Quando, de fato, as ideologias políticas se absolutizam a ponto de tornarem-se uma concepção do homem

---

[35] Gentile, *Les religions de la politique: entre démocraties et totalitarismes*, p.258-9.

e do mundo dominando todos os aspectos da existência e orientando a moral, podemos falar de "religiões políticas". O fato de essas "religiões políticas" tomarem o lugar de outras religiões e as combaterem é a prova de seu aspecto religioso, de seu desejo em substituir as religiões. Trata-se, aqui, de uma forma de religião secular, uma forma extrema que se traduz em sistemas organizados de crenças e práticas administradas por um verdadeiro clero político. Observamos, assim, diversas formas de "religiões laicas" em determinadas etapas do desenvolvimento da laicidade.

A difusão do religioso no secular pode tomar formas menos límpidas e gerar modos seculares de religiosidade cujo aspecto religioso é, inclusive, problemático, em vez de gerar verdadeiras religiões seculares. Diversas áreas como o esporte, a música e a ecologia podem ser, assim, religiosamente investidas. Podemos, contudo, afirmar que elas constituem uma "religião secular"?

C. Bromberger,[36] por exemplo, encontra algumas analogias entre uma partida de

---

[36] Bromberger; Hayot; Mariottini, Allez l'OM! Forza Juve, *Terrains*, n.8, *Carnets du Patrimoine Ethnologique*, p.8-41;

futebol e um ritual religioso: elas representariam dimensões fundamentais da existência (guerra, vida, morte, sexo), toda a trama sequencial de um jogo podendo evocar, segundo ele, um ritual religioso (no qual existem oficiais, fiéis, irmandades, um espaço sagrado...), se aplicando, também, ao comportamento dos torcedores que, muitas vezes, erigem um verdadeiro altar doméstico para seu time favorito. Porém, apesar de todas as semelhanças observadas, Bromberger percebe, com razão, que faltam alguns aspectos essenciais para falarmos de ritual religioso: "A dimensão exegética (uma configuração mítica ou simbólica explícita que levaria em consideração a organização das sequências, do sentido dessas emoções e cujo ritual seria a manifestação do ritual)", uma representação do mundo e da transcendência, a estabilização dos ídolos (as estrelas do futebol mudam rapidamente), são alguns dos elementos marcantes que mostram os limites da analogia e a dificulda-

---

Bromberger, L'Olympique de Marseille, la Juve et le Torino. Variations ethnologiques sur l'engouement populaire pour les clubs et les matchs de football, *Esprit*, p.174-95.

de em pensar o esporte como uma "religião de substituição".[37]

E qual seria, então, a condição da "religião das estrelas", sobre a qual nos fala E. Morin, observada desde o final dos anos 1950? "Podemos realmente falar de fenômenos religiosos a respeito da adoração que os fãs têm de seus ídolos?", pergunta-se M.-C. Pouchelle,[38] ao analisar a devoção popular ao cantor Claude François principalmente depois de sua morte.

Parece-nos evidente que detectar o religioso no secular implica, necessariamente, uma definição do religioso e que não se deveria, como afirma D. Hervieu-Léger, ver o religioso em tudo e depois não identificá-lo mais em lugar nenhum. Ao mesmo tempo, é difícil não perceber em certo número de fenômenos os traços religiosos indicativos de transferências de sacralidade sem que se trate de religiões propriamente ditas. Concor-

---

[37] D. Hervieu-Léger também chama a atenção para esse aspecto em *La religion pour mémoire*, p.82-7, 148-55.

[38] Pouchelle, Sentiments religieux et show-business: Claude François, objet de dévotion populaire. In: Schmitt, *Les saints et les stars*, p.277-99; Id. Les faits qui couvent, ou Claude François à contre-mort, *Social Compass*, n.4, v.41.

damos com Bromberger quando ele ressalta o que falta nos rituais esportivos para que sejam vistos como rituais religiosos. Podemos simplesmente postular, aqui, que mais o religioso contemporâneo é disseminado e flutuante, mais oportunidades existem de se encontrar traços do religioso no secular, das transcendentalizações e ritualizações transportadas a objetos diversos. O fato de podermos falar de religiosidades seculares e a dificuldade em distinguirmos o religioso do secular e vice-versa são indicadores da disseminação contemporânea do religioso e, como afirmou Albert Piette,[39] de seu "hibridismo" entre crer e não crer, tradição e modernidade.

## VI – As mutações contemporâneas do crer nas sociedades ocidentais

Apesar de continuarmos a observar as estreitas correlações entre práticas e crenças religiosas, é a disseminação do crer que se

---

[39] Piette, Les religiosités séculières: une hybridité exemplaire pour l'anthropologie du religieux, *Social Compass*, n.4, v.41.

apresenta, hoje, como a principal característica da situação religiosa contemporânea. Estudos atuais se interessam pela sua disseminação e também pela sua flexibilidade com relação aos grupos de pertença: Grace Davie fala de *believing without belonging* [crer sem pertencer] quando se refere à religião dos britânicos, ao tentar explicar a persistência de um grau relativamente alto de crença em comparação com a diminuição do sentimento de pertença eclesiástica.[40] O enfraquecimento das regulações institucionais da religião ocorre ao mesmo tempo que surgem diversas outras formas de religiosidade. Assistimos, nas sociedades ocidentais, a uma individualização e a uma subjetivação do sentimento religioso. Constatamos o predomínio do *"do it yourself"* [faça você mesmo] em matéria religiosa, seja do lado da procura, seja do lado da oferta dos bens de salvação. Do lado da procura, esse comportamento se manifesta pela autonomia dos atores que improvisam suas crenças e experiências e se tornam móveis com relação a seus grupos de pertença. Do lado da oferta, por meio do desenvolvimento de múltiplas pequenas

---

[40] Davie, *Religion in Britain since 1945*.

empresas na área da salvação e de um mercado competitivo. Essa situação pode ser observada, também, entre as organizações religiosas e parareligiosas que são habitadas por sensibilidades múltiplas e oferecem aos fiéis diferentes maneiras de viver "sua" religião, mesmo nas grandes instituições religiosas como a Igreja católica.

Essa individualização do sentimento religioso vem acompanhada de um processo de subjetivação. É a experiência que é valorizada, a vivência religiosa individual e comunitária. Esse retorno da emoção na religião[41] se manifesta através de diferentes colorações de acordo com cada tradição religiosa. Podemos considerar esse fato como o recurso a um critério moderno de verdade: a experimentação. Trata-se de medir a validade de uma religião pelos benefícios que ela traz.

Se consideramos, com R. Lemieux,[42] que "todos nós, qualquer um de nós, temos acesso a um espaço imaginário que ultrapassa

---

[41] Ver Champion; Hervieu-Léger (orgs.), *De l'émotion en religion*.

[42] Lemieux, Les croyances: nébuleuse ou univers organisé. In: Lemieux; Milot (orgs.), *Les croyances des québécois: esquisses pour une approche empirique*, p.41.

Sociologia das religiões

nossas racionalidades e nossas lógicas", e que essa relação que estabelecemos com nosso imaginário estrutura nosso ser no mundo, nosso ser cognitivo e nosso ser afetivo, podemos entender melhor porque, nas sociedades secularizadas, existe uma constância do crer que vai além do efêmero e da disseminação das crenças. Se as crenças representam uma institucionalização do imaginário, se nelas a subjetividade e a cultura se enlaçam (Lemieux), a situação contemporânea, nas sociedades ocidentais, seria mais bem caracterizada por uma crise das crenças em vez de uma crise do crer: ali, se manifestaria a dificuldade do crer em se fixar socioculturalmente nas representações, criando um consenso na exploração do sentido. Essa seria, então, a maior dificuldade do crer-junto em um período de flutuação das crenças. O fim dos grandes relatos deixa o indivíduo sem referências e fragiliza a organização dos significantes aos significados institucionalmente marcados. Ao se referir a Michel de Certeau, Lemieux ressalta que "o crer" sai de férias, "liberando-se de suas solidariedades para passear no universo luxuriante do sentido", enquanto "o fazer" se torna órfão, acentuando, assim, uma ruptura entre o dizer e o fazer. Desde então, as representações não são necessariamente ligadas a solidariedades, elas se tornam provisórias e efêmeras sem provocar fortes mobilizações sociais. Essa situação que desfaz os laços entre crenças e comunidades produz a propensão a se consumir ainda mais crenças pelo fato de essas não serem capazes de uma grande mobilização. Assistimos ao desenvolvimento de uma "religião *à la carte*" na qual a coerência se apresenta mais contundentemente do lado do consumidor do que do produtor e na qual o supermercado religioso se torna a instituição central da regulação do crer. Sobre esse mercado, as instituições religiosas não são evidentemente as únicas a oferecer o pacote "levados a crer". Esse se refere, inclusive, a uma utilidade que ele pode fornecer aos indivíduos que o avaliam em função da experiência prévia que possuem e não de uma autoridade qualquer. Tal aspecto não elimina necessariamente a referência às tradições, mas gera uma "fidelidade paradoxal" a estas, que estariam guardadas em uma reserva "para uma eventual necessidade", por sua "utilidade potencial".

As crenças não são adotadas para sempre, mas, ao contrário, "surgem como respostas relativas diante das necessidades conjunturais das quais sabemos, por experiência, que podem mudar".[43] E neste universo de crenças, aquelas propriamente religiosas, quer dizer, "significantes oriundos efetivamente de uma tradição religiosa denominada e identificada",[44] são apenas um exemplo dentre outros. Existem outras configurações: ao lado das crenças religiosas, a equipe quebequense distingue crenças do tipo cósmico, crenças que remetem ao eu interior e crenças do tipo social, cada uma dessas áreas representando um modo particular "de construir e de apreender o mundo como verossímil".[45]

Diversos processos interferem na reorganização dos sistemas de crença. Micheline Milot[46] os distingue assim: o reinvestimento semântico (por exemplo, a definição cósmica do significante Deus por um católico); a complementaridade funcional (o acréscimo de outras significações às crenças religio-

---

[43]  Ibid., p.78.

[44]  Ibid., p.66.

[45]  Ibid., p.68.

[46]  Milot, Typologie de l'organisation des systèmes de croyances. In: Lemieux; Milot (orgs.), *Les croyances des québécois: esquisses pour une approche empirique*, p.115-34.

sas tradicionais); os desvios de noções (a importação de significantes estrangeiros, como a reencarnação no universo religioso cristão); a subordinação de um campo de significações (através da reinterpretação religiosa de outros campos de significações); a justaposição de campos de crenças que implicam a coexistência de várias visões do mundo no mesmo indivíduo.

Os resultados da pesquisa feita em 1988-1989 sobre a religião dos suíços[47] convergem com os resultados das pesquisas quebequenses: individualização do crer, pluralismo das referências e tendências à inclusão em um fundo de tradição cristã caracterizam o comportamento dos suíços com relação à religião. Claude Bovay mostra também uma desarticulação entre o nível social e o individual da religião, entre o modo de pensar a "religião para os outros" e o modo de pensar "sua religião".[48] A relação com a religião se torna pragmática; ela se apresenta mais como o objeto de uma rejeição do que de um "talvez", principalmente

---

[47] Campiche et al. (orgs.), *Croire en Suisse(s)*.

[48] Bovay, L'influence de la religion dans la société suisse. In: Campiche et al. (orgs.), *Croire en Suisse(s)*, p.177.

nas jovens gerações.[49] Neste caso, o apego à tradição cristã apresenta-se como incerto, ao mesmo tempo que, paradoxalmente, as Igrejas católicas e protestantes continuam a ocupar um importante lugar na Suíça, no que concerne a oferta simbólica. Nessa pesquisa suíça, M. Krüggeler se concentra, com razão, nas elevadas porcentagens de respostas "eu não sei" quando a pergunta se refere às crenças. Ele as interpreta como a manifestação de uma indecisão "que revela que tanto o conhecimento religioso quanto a possibilidade de expressar o religioso são problemáticos para os entrevistados de um modo geral".[50]

Mesmo se não se constata uma supressão das identidades coletivas confessionais, algumas diferenciações ligadas à economia simbólica específica a cada confissão subsistem: existem, assim, três vezes mais "cristãos exclusivos" no protestantismo do que no catolicismo. Quando, porém, a

---

[49] O que mostram também F. Champion e Y. Lambert em Lambert; Michelat (orgs.), *Crépuscule des religions chez les jeunes? Jeunes et religions en France*.

[50] Krüggeler, Les îles des Bienheureux: les croyances religieuses en Suisse. In: Campiche et alli (orgs.), *Croire en Suisse(s)*, p.97.

prática religiosa se torna rara, a estrutura das crenças se aproxima mais entre as duas confissões. Com exceção de uma minoria, ressalta A. Dubach, os suíços "não atribuem mais a nenhuma confissão um valor absoluto",[51] o pluralismo penetra profundamente as consciências ao mesmo tempo que as Igrejas cristãs continuam a exercer um papel não negligenciável na vida pública. Trata-se, neste caso, de uma transformação da religião no âmago da modernidade, uma transformação que nos remete ao trabalho da secularização sobre as crenças e práticas religiosas dos indivíduos. A análise dessas evoluções deve ser cuidadosa para não generalizar, em escala mundial, o que é observado na Europa. Em outros continentes, com efeito, são observados alguns tipos de fusão religiosa e determinados sociólogos não hesitam em falar do "caso excepcional" que a Europa representaria no plano religioso.[52]

---

[51] Dubach, Tout bouge, il n'y a pas d'immobilité. In.: Campiche et al. (orgs.), *Croire en Suisse(s)*, p.255.

[52] Davie, *Europe: The Exceptional Case – Parameters of Faith in the Modern World.*

## Capítulo IV
# Religião e modernidade: a secularização em debate

A sociologia, com sua proposta de análise da sociedade e de sua evolução do modo mais sistemático e objetivo possível, nasceu da mudança social que conduziu ao advento da sociedade moderna. Podemos afirmar que o desenvolvimento da sociologia é um elemento integrante da própria modernidade e que seu indissociável questionamento quanto ao futuro do religioso nas sociedades industriais também se impõe como elemento constitutivo. Não surpreende, então, que a sociologia tenha se interessado, desde o início, pelo fenômeno religioso (ver capítulo I), nem o fato de essa disciplina ter acreditado ser capaz de fornecer os fundamentos científicos de uma moral laica, livre dos elementos míticos herdados da religião, por meio de seu estatuto de ciência positiva do social (Durkheim), ou até mesmo se considerar como uma alternativa moderna ao religioso e à metafísica. Essa implicação da sociologia no processo de modernização da sociedade teve como consequência o fato da modernidade ter tido certa propensão a ser pensada, pelos sociólogos, como um processo oposto ao religioso. Se a industrialização, a urbanização e a racionalização contribuíam com a dissolução dos mundos religiosos, se a modernidade representava um "desencantamento do mundo" (Weber), o religioso poderia, desde então, apresentar-se como uma sobrevivência do passado condenado a desaparecer, no curto ou médio prazo, do horizonte das sociedades modernas.

Essa antinomia entre religião e modernidade foi reforçada tanto pela atitude dos próprios sociólogos, como pela atitude de alguns grupos religiosos. No que concerne à atitude dos sociólogos, essa confirmação foi exercida pela herança dos esquemas evolucionistas no estilo de Auguste Comte (a lei dos três estados) e a tendência dos pioneiros da sociologia francesa a inventar novas formas de religiões que eles acreditavam ser mais adaptadas à modernidade:[1] Henri de Saint-Simon, Auguste Comte e Émile Durkheim conceberam, todos, em proporções diferentes, uma religião laica da humanidade destinada a substituir as religiões tradicionais. O peso do marxismo também contribuiu com a confirmação dessa tendência a considerar a religião como um fenômeno social obsoleto que seria incompatível com as sociedades voltadas para o progresso econômico e social. Do lado religioso, o fortalecimento dessa antinomia ocorreu como consequência da intransigência da Igreja católica que, no século XIX e no início do século XX, manifestou uma oposição radical ao mundo moderno, assumindo uma postura contrária a suas opções fundamentais (*Syllabus* ou "Compilação dos principais erros dos nossos tempos", 1864) contribuindo, assim, com a ideia de uma

---

[1] O que surpreende o antropólogo britânico E. Evans-Pritchard; ver seu *La religion et les anthropologues* (1959), p.33.

oposição fundamental entre religião e modernidade. Constatando que, na maioria das sociedades ocidentais – aquelas que mais encarnavam a modernidade –, a prática do culto diminuía, que a relação de autoridade dos eclesiásticos e paraeclesiásticos com os indivíduos se degradava, que as vocações sacerdotais regrediam significativamente, os sociólogos foram levados a abordar os fenômenos religiosos sob o ângulo da decadência. O fato de a modernidade se impor como vetor de dissolução do religioso originou a ideia de um "eclipse do sagrado nas sociedades industriais" (S. Acquaviva, 1961) e, consequentemente, análises das evoluções religiosas contemporâneas no contexto de um paradigma da secularização que funcionaria segundo a lógica de um jogo cujos resultados seriam nulos: mais a modernidade avançava, mais o religioso recuava.

## I – A secularização: um paradigma questionado

A própria ideia de secularização se apresenta, então, investida de determinação, o que torna seu uso sociológico ainda mais delicado.[2] Em artigo publicado em 1965 com muita repercussão, o sociólogo britânico David Martin propôs o abandono do termo "secularização", pois acreditava que o mesmo era associado às ideologias laicas antirreligiosas, sendo impossível operacionalizá-lo empiricamente.[3] De fato, como ressalta O. Tschannen, Martin "se opõe à noção de secularização como processo unilinear e irreversível, mas a aceita como processo complexo e ambíguo".[4]

A este respeito, em 1978, Martin publicava *Uma teoria geral da secularização*, introduzindo diversos componentes ao processo de secularização – os eventos históricos estruturantes, as diferentes personagens das Luzes e seus elementos constitutivos, as relações entre a religião e a identidade nacional... – para mostrar que ele tomava formas e intensidades diversas nas diferentes sociedades ocidentais, principalmente

---

[2] Ver nossas precisões em La sécularisation: une exception européenne? Retour sur un concept et sa discussion en sociologie des religions, *Revue Française de Sociologie*, o.47, n.4, p.755-83.

[3] Martin, Towards Eliminating the Concept of Secularization, retomado em *The Religious and the Secular: Studies in Secularization*, p.9-22.

[4] Tschannen, *Les théories de la sécularisation*, p.293.

em função de seu grau de pluralismo. Ele propunha um *continuum* de *basic patterns* [padrões básicos] que começava na situação de monopólio e terminava quando o pluralismo religioso mais amplo prevalecia, estabelecendo uma tipologia na qual se levava em conta, inclusive, a natureza das culturas religiosas dominantes: a católica, a protestante, a anglicana ou a ortodoxa.

Parece-nos evidente que, como teoria geral, a tese da secularização suscita alguns problemas: essa teoria não pressupõe uma idade de ouro da religião que já foi questionada pelos historiadores? Ela não identifica excessivamente a religião às religiões institucionalizadas, esquecendo as religiosidades selvagens que se manifestam externamente à instituição? Ela não parece atribuir uma grande importância aos indicadores que, como na prática do culto, medem o grau de participação dos indivíduos pelos gestos religiosos institucionalizados? Ela não interpreta superficialmente a diminuição de algumas práticas e a erosão de certas crenças como uma prova de um declínio inevitável da religião? Ela não estaria refletindo o ponto de vista dos intelectuais que, distantes do universo religioso ou indiferentes ao sentimento religioso, projetariam, em suas análises, sua aversão pessoal à religião (embora sociólogos "crentes" não sejam os últimos a aderirem à ideia de secularização)? Ela não representa uma visão muito ocidental das coisas, centrada no cristianismo, quer dizer, constituindo uma teoria regional que poderia ter uma parte de validade para as sociedades do mundo ocidental, mas seria completamente inadequada para as sociedades asiáticas, africanas, latino-americanas? Falar de secularização não pressuporia uma abordagem simplista do processo de modernização como se tudo fosse racionalidade na sociedade moderna? Não poderia existir uma modernização sem secularização?

Os Estados Unidos[5] e o Japão, dois países que encarnam particularmente bem a modernidade, oferecem exemplos de sociedades que associam modernidade e religião: a primeira, pelo importante índice de comprometimento religioso que

---

[5] Sobre a religião nos Estados Unidos, ver o dossiê publicado nos *Archives de Sciences Sociales des Religions*, n.83-84, em particular Roozen; Carroll; Roof, La Génération née après guerre et la religion instituée: un aperçu de cinquante ans de changement religieux aux États-Unis, p.25-52.

se mantém estável (em torno de 40% de praticantes) e onde podemos observar o papel não negligenciável de movimentos fundamentalistas; a segunda, por se tratar de uma sociedade que se industrializou no contexto de um sistema teocrático e onde os movimentos político-religiosos ocupam, ainda hoje, o cenário político. Ao falar de uma "América não secular", Roer Finke conclui claramente: "O prognóstico de um declínio religioso por meio do modelo de secularização não é corroborado pelas evoluções históricas nos Estados Unidos. A modernização não foi acompanhada pelo processo de secularização previsto".[6] No Japão moderno, onde "as estatísticas mencionam a presença de 48 milhões de japoneses nos grandes santuários durante as festas do Ano Novo (*Hatsumôde*) para adquirirem feitiços e amuletos protetores",[7] o fato de ser praticado, ainda hoje, o culto dos ancestrais (no âmbito familiar diante do altar doméstico ou no

---

[6] Finke, An Unsecular America. In: Bruce (org.), *Religion and Modernization: Sociologists and Historians Debate the Secularization Thesis*, p.154.

[7] Berthon. In: Delumeau (dir.), *Le fait religieux*, p.617.

templo nas grandes cerimônias)[8] pode induzir à confirmação de tratar-se de uma sociedade não secularizada.

Por outro lado, o importante papel exercido pelas religiões na mobilização social e política dos indivíduos em um grande número de países vem, também, questionar o paradigma da secularização. Principalmente porque observamos que não são somente as camadas sociais mais distantes da modernidade técnica e científica que protagonizam tais movimentos político-religiosos.

Gilles Kepel, que apresenta um rico conjunto de estudos dedicados a esses movimentos (da Frente Islâmica Muçulmana ao hinduísmo político, passando pela ortodoxia russa e o pentecostalismo latino-americano) em seu livro *Les politiques de Dieu* [As políticas de Deus], afirma que "duas camadas socioculturais parecem presentes de um modo particularmente engenhoso" em seu interior:

> Uma *intelligentsia* com formação principalmente científica, em particular em ciências

---

[8] Smith, *Ancestor Worship in Contemporary Japan*. Ver também Mullins; Susuitiu; Swanson, *Religion and Society in Modern Japan*.

aplicadas, com uma grande representação de engenheiros se compararmos com a sua distribuição na sociedade global e, por outro lado, a presença de jovens populações que moram nas periferias urbanas.[9]

O estudo desses movimentos, particularmente presentes nos países do Terceiro Mundo, convida a distinguir modernização e ocidentalização. Primeiro porque em um grande número desses países o processo de modernização não produz os mesmos efeitos sociais: a urbanização e a industrialização não dissolveram, por exemplo, tanto quanto no Ocidente, as solidariedades comunitárias (familiares, étnicas e religiosas) que, até então, se afirmam como estruturantes de identidades coletivas. Em seguida, porque a modernização nesses países raramente ocorreu como resultado de um projeto político, que se mantém ainda marcado pelas formas tradicionais e não democráticas (no sentido ocidental) de governo. Enfim, porque onde predominam a fome, a doença e a morte, a situação existencial dos indivíduos é francamente diferente daquela dos países

---

[9]    Kepel (dir.), *Les politiques de Dieu*, p.17.

ocidentais. Compreendemos melhor porque, em tais circunstâncias, modernização não rima com secularização.[10]

O paradigma da secularização pode, também, revelar-se difícil de ser aplicado em determinadas culturas religiosas, pois ele pressupõe uma distinção entre o sagrado e o profano que, particularmente marcado pelas tradições judaicas e cristãs, pode parecer estranha a outras culturas. Em 1934, em seu livro *La pensée chinoise* [O pensamento chinês], Marcel Granet já observava que a religião na China não exercia uma função de atividade social diferenciada. Do mesmo modo, o que denominamos hinduísmo não corresponde a uma área distinta da vida social, mas a um sistema sociorreligioso que remete a uma cosmologia e designa um modo de vida.

Todas essas objeções são legítimas. Confirmamos também que, como ressaltaram B. Wilson,[11] O. Tschannen, S. Bruce

---

[10] Ver Hanf, Modernisierung ohne Säkularisierung? Versuch über religiös-politische Ideologien in der Dritten Welt, *Die Bedeutung der Ideologien in der heutigen Welt*, p.129-52.

[11] Wilson, *Religion in Sociological Perspective*.

e R. Wallis,[12] o paradigma da secularização foi frequentemente caricaturado e mal-interpretado. Seria, então, importante distinguir o que podemos designar sob esse termo e quais são seus limites de validade. Parece-nos evidente que os sociólogos apresentem certa propensão a se influenciar pelas tendências do que ocorre no mundo e pelos eventos marcantes do momento, em particular por meio da mídia, e alimentem determinada imagem do mundo social, apesar de tentar impor uma ruptura epistemológica em sua prática. Enquanto, nos anos 1960, o tom dominante era o do "declínio do religioso", a partir dos anos 1990 assistimos ao "retorno do religioso". Tal tendência justificaria o desprezo pelas teorias da secularização após as valorizarmos? O pensamento crítico deve se construir independentemente de qualquer tendência em voga e, para isso, precisa aperfeiçoar conceitos e ficar atento aos dados empíricos.

---

[12] Bruce; Wallis, Secularization: The Orthodox Model. In: Bruce (org.), *Religion and Modernization: Sociologists and Historians Debate the Secularization Thesis*, p.8-30.

## II – A secularização: um conceito a definir

Na linha do significado original do termo "secularização" – termo através do qual designamos a apropriação, pelo poder civil, dos bens eclesiásticos –, alguns autores, como Peter Berger, o definem como um "processo através do qual setores da sociedade e da cultura são retirados da autoridade das instituições e dos símbolos religiosos".[13] A secularização engloba, então, paralelamente ao seu aspecto institucional e jurídico, um aspecto cultural que se manifesta pelos seguintes traços: a emancipação das representações coletivas com relação a toda referência religiosa, a constituição de saberes independentes com relação à religião, a autonomização da consciência e do comportamento dos indivíduos com relação às prescrições religiosas. Para Bryan Wilson, um dos mais eminentes representantes da tese da secularização na sociologia das religiões, tal conceito designa "o processo por meio

---

[13] Berger, *La religion dans la conscience moderne*, p.174 [tradução de *The Sacred Canopy*].

do qual instituições, pensamentos e práticas religiosas perdem sua importância [*significado*] social",[14] é um processo que afeta o lugar da religião no sistema social. Para Wilson, a secularização é associada à passagem "de um sistema com base comunitária a um sistema com base societal",[15] uma passagem que transforma a situação religiosa:

> A religião na sociedade secular permanecerá periférica, relativamente fraca, e continuará a fornecer conforto aos homens nos interstícios de um sistema social desprovido de alma, cujos homens são prisioneiros por consentimento próprio.[16]

Wilson não identifica a secularização a um declínio inevitável da religião, como ele também não pretende que a secularização da sociedade signifique "que todos os homens tenham adquirido uma consciência secularizada" ou que eles "tenham abandonado

---

[14] Wilson, *Religion in Secular Society*, p.xiv (ver também id., *Religion in Sociological Perspective*, p.149).

[15] Id., *Religion in Sociological Perspective*, p.153.

[16] Id., Aspects of Secularization in the West, *Japanese Journal of Religious Studies*, v.3, p.276.

todo interesse pela religião".[17] É importante distinguir a secularização do sistema social da de seus atores.

Para Wilson, a secularização é essencialmente o resultado do processo de racionalização das organizações modernas e da autonomização crescente das instituições e das práticas sociais com relação à religião, autonomização que permite ao homem acreditar que ele pode mudar suas condições de vida e a sociedade por meio de sua prática e de seus projetos. Um dos importantes indicadores de secularização seria, segundo ele, o grande declínio da proporção de riqueza de uma sociedade dedicada ao sobrenatural.[18]

K. Dobbelaere distinguiu três dimensões da secularização: 1) a secularização macrossociológica, que se refere ao processo de diferenciação estrutural e funcional das instituições; 2) a mudança religiosa, que diz respeito às próprias evoluções dos universos religiosos, em particular sua tendência a se tornar laica; 3) a implicação religiosa pessoal ligada ao comportamento individual,

---

[17] Id., *Religion in Secular Society*, p.149-50.
[18] Id., *Contemporary Transformations of Religion*, p.25; e Id., Reflections on a Many Sided Controversy. In: Bruce (org.), *Religion and Modernization*, p. 198.

que mede o grau de integração normativa das pessoas nos agrupamentos religiosos.[19] Como Wilson, Dobbelaere considera que a secularização é um processo que se refere essencialmente ao sistema social, ou seja, posiciona-se no nível societal como mencionado antes (1). Nesse sentido, as medidas de participação religiosa não lhe parecem ser os indicadores mais confiáveis sobre a secularização. Os diferentes níveis retidos por Dobbelaere permitem distinguir utilmente as evoluções que não são necessariamente concordantes, mas que afetam a sociedade, as organizações religiosas e os indivíduos. Se a secularização do sistema social não implica obrigatoriamente um declínio sensível da participação religiosa individual, então o caso americano se torna inteligível no contexto desse paradigma. Segundo O. Roy,[20] a secularização não anula a religião mas, ao contrário, contribui com a sua reafirmação dentro de suas lógicas específicas.

---

[19] Dobbelaere, *Secularization: A Multi-Dimensional Concept*, (*Current Sociology*, n.2, v.29). Uma nova edição, completa, foi publicada em 2002 pela PIE / Peter Lang SA, Bruxelas.

[20] Roy, *La Sainte Ignorance: le temps de la religion sans culture*.

Em definitivo, devemos entender por "secularização" uma mutação sociocultural global que se traduz por uma redução do papel institucional e cultural da religião. Esta perderia muito seu poder social: enquanto, antes, ela constituía um contexto que incluía toda a sociedade e significava o sentido final de sua ordem, enquanto suas crenças e sua linguagem impregnavam profundamente a vida cotidiana dos indivíduos, hoje a religião se tornou um setor dentre outros da vida social, ou mesmo um mundo cada vez mais estranho a um grande número de pessoas. Esse tipo de abordagem remete, principalmente, a dois processos característicos da modernidade: a diferenciação funcional das instituições e a individualização crescente dos atores, dois processos que não significam, de modo algum, um declínio inevitável da religião, e muito menos o desaparecimento dos fenômenos de crença. A própria modernidade pode, inclusive, ser apreendida como um sistema mítico impulsionado pela crença.[21]

---

[21] Ver Perrot; Rist; Sabelli, *La mythologie programmée: l'économie des croyances dans la société moderne*.

## III – A modernidade e seus efeitos dissolventes

Não nos parece ilegítimo conceder qualquer crédito a uma tese limitada da secularização para podermos considerar certa diminuição da influência social da religião particularmente observável nas sociedades ocidentais, sem, contudo, exigir que tal tese seja exclusiva. Uma diminuição da influência social não significa uma ausência total de influência, e menos ainda o desaparecimento da religião, mas indica que a situação da religião se encontra profundamente transformada sob o impulso da modernidade. Efetivamente, parece-nos difícil contestar que as características essenciais da modernidade – que são, a reflexividade sistemática, a diferenciação funcional, a globalização, a individualização, a racionalização e o pluralismo – diminuíram o *poder social* da religião nas sociedades ocidentais. Isto não impede que, em outros contextos, a modernização provoque, ao contrário, um reinvestimento social do religioso para "reconstituir uma identidade que a imposição de uma modernidade vinda de fora, a submissão econômica, cultural

## Sociologia das religiões

e política, destruíram",[22] as mobilizações religiosas apresentando, nesses países, um profundo aspecto anti-imperialista (o que ressalta Yves Goussault). O que também não impede o reconhecimento de formas de recomposição do religioso na modernidade, as quais parecem ainda mais acentuadas no que chamamos ultramodernidade (ver *infra*). Insistamos, primeiramente, sobre os efeitos dissolventes da modernidade.

Através do formalismo abstrato da racionalidade instrumental e a afirmação da autonomia individual, a modernidade apresenta uma tendência a homogeneizar os comportamentos e a transformar as referências culturais em superestruturas decorativas das práticas sociais:[23] a modernidade produz efeitos dissolventes sobre as culturas religiosas. A religião perde, assim, seu poder estruturante como nos mostrou Yves Lambert a partir de um estudo das

---

[22] Goussault, Les frontières contestées du politique et du religieux dans le Tiers Monde, *Revue Tiers Monde*, n.123, v.31, p.490.

[23] Ver nosso artigo La relégation superstructurelle des références culturelles: essai sur le champ religieux dans les sociétés capitalistes postindustrielles, publicado em *Social Compass*, v.24, p.323-38.

mutações sociorreligiosas em uma cidade na Bretanha.[24] A desestruturação da civilização paroquial, por meio da qual a religião exercia um forte poder de controle social, é o que Danièle Hervieu-Léger, seguindo os passos de G. Le Bras, chama "o fim dos praticantes".[25] Os efeitos dissolventes da modernidade sobre as culturas religiosas não são exercidos somente sobre o cristianismo. J.-P. Berthon ressalta, por exemplo, que a rápida industrialização e urbanização da sociedade japonesa, ao distender os laços afetivos com a terra e ao produzir uma população religiosa "flutuante" na cidade, "foram, de fato, os mais rudes adversários do xintó".[26] As segmentações religiosas e filosóficas haviam gerado ambientes relativamente impermeáveis entre si, mesmo sem o sistema de pilares belga ou holandês.[27] Cada

---

[24]   Lambert, *Dieu change en Bretagne*.

[25]   Ver o capítulo La fin des pratiquants de D. Hervieu-Léger, com a colaboração de F. Champion, em *Vers un nouveau christianisme?*

[26]   Hervieu-Léger, Le shintô: repères historiques et situation actuelle. In: Delumeau (org.), *Le fait religieux*, p.616.

[27]   O que não significava que esses ambientes não entretinham relação nenhuma entre si, em particular no que se referia às trocas econômicas. O estudo de

Sociologia das religiões

tradição representava um espaço cultural que marcava profundamente os indivíduos através de numerosos canais de socialização (em particular os movimentos jovens). A relativização das clivagens ideológicas – sejam elas políticas ou religiosas – por meio da permeabilização crescente dos diferentes mundos ideológicos, o desenvolvimento de uma cultura de massa gerada pela mídia, a valorização da mudança e de uma cultura do imediato, tudo isso contribuiu com o enfraquecimento das referências ideológicas como vetores de estruturação identitária.

A dissolução do poder estruturante das culturas religiosas foi ainda mais forte devido à autoconfiança da modernidade e por esta ter-se edificado através de uma relação crítica com relação às tradições e às ancoragens socioculturais particularizadas. Em nome do progresso, da racionalização e da uniformização que a acompanhavam, as culturas locais foram relativizadas, ou mesmo folclorizadas. A erosão das culturas políticas e religiosas particularizadas, bem

---

E. François sobre os católicos e os protestantes em Augsburgo nos séculos XVII e XVIII o mostram muito bem: *Protestants et catholiques en Allemagne. Identités et pluralisme: Augsbourg, 1648-1806.*

como a eufemização das clivagens internas dessas áreas, acentuaram as tendências ao pragmatismo do político e do religioso, mas também ao seu reabastecimento na experiência e no emocional. Os efeitos dissolventes conduziram, também, a efeitos de recomposição. Podemos verificá-los nos diferentes aspectos da modernidade.

Pela *diferenciação funcional*, algumas atividades sociais se encontram transferidas das instituições religiosas às instituições laicas ou ao Estado: a educação, a saúde, o lazer, o trabalho social. Mesmo quando as instituições religiosas continuam a assumir tais atividades, constatamos um processo de secularização interno (particularmente nas áreas de educação e da ação médico-social). Esse processo de diferenciação funcional tem tendência a remeter o religioso ao religioso, a espiritualizá-lo. Em uma sociedade muito secularizada, a procura social do religioso insiste sobre a espiritualidade e adota um aspecto místico, enquanto que em uma sociedade mais marcada religiosamente, essa procura é mais voltada a uma religião mundana. A diferenciação funcional é, então, um elemento do processo de secularização mas, ao mesmo tempo, ela

Sociologia das religiões

contribui com uma reespiritualização do religioso.

Quanto à *globalização*, ela muda tudo de lugar e rompe os laços comunitários que associavam a religião a coletividades e a espaços determinados. Contudo, essa *descomunotarização* alimenta, ao mesmo tempo, uma procura identitária e provoca uma ressacralização dos lugares, que é acompanhada de uma inflação comemorativa sob um fundo de nostalgia da comunidade.

A *individualização* é um dos traços mais marcantes. Ela se manifesta até nos sistemas religiosos mais integrados que, como o catolicismo, insistem na conformidade: em 1994, 71% dos franceses de 18 anos ou mais acreditavam que "hoje em dia, cada um deve definir sua própria religião independentemente das Igrejas".[28]

No que diz respeito à *racionalidade*, dois aspectos essenciais devem ser retidos. Por um lado, o processo de racionalização burocrático que se manifesta na sociedade global e atinge tanto organizações religiosas quanto outras organizações (ver as análises de Peter Berger). Por outro, o

---

[28] Pesquisa CSA/*Le Monde, La Vie*…

próprio processo de racionalização da religião: a *reflexividade sistemática* gera relações críticas às tradições ao questionarem todas as práticas. Se a sociedade se seculariza ao se liberar das tutelas religiosas, as religiões também se secularizam ao se abrirem mais ou menos generosamente à reflexão crítica e ao espírito do século. Em outras palavras, a secularização não concerne apenas ao lugar e à autoridade da religião na sociedade, mas também ao lugar e à autoridade dos saberes e das práticas da sociedade global no próprio grupo religioso. Como constatou Isambert, existe um processo de secularização interno ao religioso dentro do próprio cristianismo.[29]

W. Herberg mostrou, assim, em seu estudo clássico *Protestant-Catholic-Jew* [Protestante-Católico-Judeu] (1955), que a pregação nessas três religiões se americanizou tanto que ela veiculava, na verdade, uma religião secular da americanidade que ultrapassava as diferenças confessionais. B. Wilson apreende dois modos diferentes de secularização nesse processo:

---

[29] Isambert, La sécularisation interne du christianisme, *Revue Française de Sociologie*, n.4, v.17, p.573-89.

Sociologia das religiões

Enquanto na Inglaterra – como em outros países da Europa –, a secularização foi vista como o abandono das Igrejas, nos EUA ela foi vista como a absorção das Igrejas pela sociedade e sua perda de conteúdos religiosos distintivos.[30]

O *pluralismo* faz das opções religiosas ou não religiosas uma questão de escolha livre e pessoal e introduz uma dose mais ou menos ampla de relatividade nas relações dos indivíduos com a religião. Sociólogos como Caplow e Finke, apoiando-se no caso norte--americano, sustentaram que o pluralismo religioso, ao contrário, reforçaria a religião, ao impedir seu estabelecimento e ao oferecer aos indivíduos milhares de maneiras diferentes de satisfazerem suas aspirações sociorreligiosas. O pluralismo pode funcionar quando ele surge como antigo e socialmente estruturante. Porém, associado a uma perda de plausibilidade cultural do religioso, ele acentuará sua relativização. A simples justaposição de culturas religiosas diversas em uma mesma sociedade contribui com a relativização da verdade de cada uma delas

---

[30] Wilson, *Religion in Secular Society*, p.114.

e acentua o processo de individualização da religião; o pluralismo universal o torna "herege" e ameaça a plausibilidade de cada religião ao revelar suas origens humanas.[31] O pluralismo religioso engendrará efeitos secularizantes se não exercer o papel de fonte de segmentação comunitária (como na Irlanda do Norte) ou se ele se inscrever em um universo religioso politeísta facilitando os sincretismos: ele contribuirá, como constatou Peter Berger,[32] à burocratização e à uniformização das religiões que, desde então, se encontrarão expostas à preferência dos consumidores confrontados a uma lógica de mercado.

Como nos mostrou Berger, a perda do monopólio pela religião é "um processo tanto sociocultural quanto sociopsicológico".[33] Trata-se de uma mudança fundamental que afeta tanto o estatuto societal da religião – sua situação social e seu estatuto epistemológico na sociedade global – quanto o regime do crer e as relações individuais estabelecidas com a religião:

---

[31] Bruce (org.), *Religion and Modernization: Sociologists and Historians Debate the Secularization Thesis*, p.170.

[32] Berger, *La religion dans la conscience moderne*, p.214-33.

[33] Ibid., p.239.

Sociologia das religiões

As tradições religiosas perderam seu aspecto de símbolo que cobre a sociedade em sua totalidade: esta deve encontrar seu simbolismo totalizante alhures. Aqueles que continuam a aderir ao mundo tal qual ele é definido pelas tradições religiosas se colocam, então, na posição de minoria em termos de conhecimento – um estatuto que gera problemas tanto sociopsicológicos quanto teóricos.[34]

Essa mudança modifica o estatuto social da religião, mas ela não significa, de modo algum, o seu declínio ou seu fim. É nesse sentido que uma problemática crítica da secularização se mantém heuristicamente fecunda. Principalmente porque ela permite situar melhor as recomposições religiosas contemporâneas.

## IV – A incerteza ultramoderna e a religião

Antes de voltarmos ao tema das recomposições religiosas contemporâneas, deveríamos falar um pouco mais sobre

---

[34] Ibid., p.240.

os efeitos dissolventes da modernidade. Não somente porque as decomposições realmente existem, mas, também, porque a própria modernidade evolui. Se a secularização é, como afirmou G. Balandier, "interminável",[35] a modernidade também o seria. E se ainda abordamos a questão da modernidade e da secularização, trata-se, contudo, de outra fase da modernidade e de outro estilo de secularização.

Com Anthony Giddens, acreditamos que, "mais do que nunca, tenhamos entrado em uma fase de radicalização e de universalização da modernidade, que não significa termos entrado em uma era pós-moderna",[36] mas em uma fase que qualificamos de ultramoderna.

Marc Augé fala de uma supermodernidade caracterizada por um triplo excesso: excesso de tempo, excesso de espaço e excesso de indivíduo.[37] Excesso de tempo, pela abundância de eventos que geram a necessidade de fornecer um sentido tanto ao presente quanto ao passado. Excesso

---

[35] Balandier, *Le dédale*, p.173.
[36] Giddens, *Les conséquences de la modernité*, p.12-13.
[37] Augé, *Non-lieux: introduction à une anthropologie de la surmodernité*.

de espaço, pela superabundância espacial que conduz à mundialização da informação, à aceleração dos meios de transporte e à proliferação das "improcedências", ou seja, lugares de passagem e de circulação que se assemelham e formam um espaço universal abstrato. Excesso de indivíduo, enfim, na medida em que o próprio indivíduo se projeta em um mundo particular e que as referências se individualizam ao ponto de tornar difícil uma afirmação coletiva de significados.

É através de uma perspectiva similar que falamos de ultramodernidade. Acreditamos que o uso do termo "pós-modernidade" deva ser evitado, pois sua ambiguidade pode levar à crença de que estamos saindo da modernidade. O próprio Jean-François Lyotard, autor do conhecido *A condição pós-moderna* (1979), que ressalta a ruptura que a pós--modernidade representava, insistiu, em seguida, sobre a dinâmica de continuidade em curso na pós-modernidade.[38] Segundo ele, ainda estaríamos na modernidade, mas em uma modernidade sem modernismo e sem a sua obsessão de unidade, mas que

---

[38] Lyotard, *Le postmoderne expliqué aux enfants*.

valorizaria a pluralidade, em uma modernidade que se tornou autocrítica e que se desencantou um pouco, que perdeu sua utopia. Na ultramodernidade, o possível não se identifica necessariamente com o desejável, os desafios ecológicos engendram pensamentos do limite impulsionando, inclusive, alguns a exaltarem a decadência (o que não impede que a utopia moderna continue a estender seus tentáculos, em particular através da mercantilização generalizada). Se a modernidade foi nacional, a ultramodernidade é transnacional, ela relativiza as diversas mitologias nacional-progressistas que marcaram a modernidade triunfante. Se a modernidade foi a mudança ocasionada pelas incertezas modernistas, a ultramodernidade é a mudança e a incerteza. Essa evolução complexa e ambivalente da certeza modernista à incerteza ultramoderna manifesta uma desmitologização da própria modernidade. A modernidade se desencanta ao aplicar a si própria sua capacidade reflexiva, sua dinâmica crítica: a modernidade se tornou crítica de sua própria utopização e absolutização. Essa crítica se manifestou no campo político, não somente com a crise do marxismo e o colapso dos regimes comunistas, mas também com certo desencanto democrático. Não acreditamos tanto nas capacidades do político e do progresso em trazer felicidade.

Nas relações modernidade-religião, o regime da ultramodernidade apresenta uma tendência a se conceber mais como um contexto pluralista no qual diversas expressões religiosas podem se manifestar do que como uma alternativa à religião. É através dessa perspectiva que podemos falar de "laicização da laicidade" e de "secularização da ciência".[39] O desarmamento da modernidade em sua capacidade filosófica e política de produzir concepções alternativas do homem e do mundo constitui uma radicalização da secularização em seu papel de secularização das utopias seculares. Uma radicalização que se traduz, paradoxalmente, por certa revalorização sociocultural do religioso. A questão que se impõe seria, com efeito, saber o que aconteceria com o religioso em um regime de ultramodernidade. Nessa situação, o religioso tende a ser reinvestido como lugar de memória em escala societal

---

[39] Cf. Willaime, État, éthique et religion, *Cahiers Internacionaux de Sociologie*, v.38, p.189-213.

e individual (como se ele devesse trazer respostas à desestruturação dos espaços e dos tempos) e como fornecedor de identidades coletivas e individuais, de festas e de rituais. Se ao se impor, a modernidade apresentava uma tendência à dissolver as culturas, ela não teve a capacidade de tudo digerir, a realidade social nunca se reduziu aos efeitos da fria racionalidade instrumental. Existe, primeiramente, tudo o que se revelou como inassimilável: as emoções e as paixões, as dimensões imaginárias dos laços sociais, as tradições e os costumes. Em reação ao individualismo extremo, o religioso se encontra, também, reinvestido em seu papel de afirmar a identidade coletiva, em seu papel "etnúrgico", como diz Theodor Hanf,[40] ele contribui para fabricar identidades, maneiras de se posicionar com relação a outros grupos.

A religião pode facilmente se encontrar mobilizada, como nos lembra Hanf, para significar os conteúdos da identidade comunitária, podendo apresentar, inclusive, algumas "vantagens" para esse tipo de

---

[40] Hanf, The Sacred Marker: Religion, Communalism and Nationalism, *Social Compass*, n.1, v.41, p.11.

mobilização com relação a outros elementos (a língua, por exemplo) devido a seu poder de impregnação cultural através do processo de socialização e seu aparelho ritual. A religião se encontrará, assim, mobilizada quando os atores tiverem algum interesse em afirmar sua identidade desse modo, no contexto das relações sociais de dominação.

A ultramodernidade é marcada pelo retorno da questão das identidades. Diante da homogeneização real dos comportamentos, o direito à diferença cultural, religiosa e linguística se reafirma. Desenha-se, assim, uma evolução na direção do que Yves Lambert denominou um modelo de "secularização pluralista", ou seja,

> um modelo no qual a religião não deve exercer domínio sobre a vida social, mas pode exercer plenamente seu papel de recurso espiritual, ético, cultural ou mesmo político em um sentido amplo, no respeito das autonomias individuais e do pluralismo democrático.[41]

---

[41] Lambert, Le rôle dévolu à la religion par les Européens, *Sociétés Contemporaines*, n.37, p.32.

As religiões não seriam, então, tradições mais ou menos obsoletas, resistindo a uma modernidade imponente, mas, ao contrário, ressurgiriam como recursos simbólicos que impediriam a política de se transformar em uma mera gestão burocrática das aspirações individuais, evitando que a modernidade se dissolva em um relativismo generalizado. Efetivamente, o momento não é mais o da comunidade de cidadãos supostamente vencida pela emancipação dos indivíduos de suas ancoragens simbólicas. Redescobriríamos, ao contrário, como essas ancoragens simbólicas poderiam constituir um recurso precioso para o exercício da cidadania nas democracias desencantadas.

Segundo Dominique Schnapper,[42] existem sérias convergências entre "as funções sociais da renovação étnica e as da renovação religiosa"; o sentido vivenciado pela experiência religiosa e pela reivindicação étnica tendem, assim, a se reaproximar.

> Uma e outra produzem o efeito de fornecer um sentido ao sofrimento humano e permitir ao indivíduo estabelecer relações

---

[42] Schnapper, Le sens de l'ethnico-religieux, *Archives des Sciences Sociales des Religions*, v.81, p.149-62.

diretas e afetivas com os outros, em uma sociedade dominada por um princípio geral de racionalização e secularização.[43]

As formas emocionais da religião como formas emocionais de etnicidade, explica Schnapper, seriam, então, alimentadas pela própria modernidade e serviriam de "compensação à abstração e à meritocracia da sociedade moderna". É nessa função de compensação que o religioso e o étnico se reencontrariam próximos, ao mesmo tempo que se transformam. Aqui, também, trata--se de recomposições religiosas que surgem como características da ultramodernidade: o afetivo e o imaginário se recriam com os materiais simbólicos disponíveis nas memórias nacionais e religiosas.

Em reação à frieza da racionalidade instrumental, o religioso é reinvestido como emoção e subjetividade e resistência na experiência. A desregulação institucional do religioso e a desestabilização de sua linguagem, o divórcio entre as representações e as organizações religiosas produzem significantes religiosos flutuantes, significantes

---

[43] Ibid., p.158.

que não são mais empilhados nos sistemas estabilizados de significação. Através da experiência, pela autentificação do vivido, damos outra vez sentido aos significantes, porém, de um modo instável e precário.

Em termos de sistema social, observamos também, como mostramos anteriormente,[44] uma recomposição ética das religiões, em particular em torno da gestão dos direitos do homem. Diante das incertezas e desafios éticos contemporâneos, o Estado, por mais laico que seja, não desdenha em associar as "famílias espirituais" aos debates públicos sobre essa questão, convidando, igualmente, os diversos mundos religiosos a contribuírem com a legitimação da carta político-moral das democracias pluralistas: os direitos do homem e do cidadão em um Estado de direito. É o que se observa, também, em uma escala europeia tanto na União Europeia quanto no Conselho da Europa. Observa-se, ali, uma transferência de sacralidade do político ao ético na medida em que o civismo, na era tecnológica, está associado à definição das obrigações recí-

---

[44] Ver Willaime, État, éthique et religion, *Cahiers internacionaux de sociologie*, v.38, p.189-213.

procas destinadas a se precaverem contra certo número de riscos e, assim, à definição de uma nova arte de viver-junto em uma sociedade que deve permanecer solidária, apesar de pluralista e individualista. Deste ponto inicia-se uma evolução na direção de uma religião civil e ética, por meio da qual o Estado, administrador de uma sociedade democrática confrontada a riscos tecnológicos e ecológicos graves, procura produzir um civismo adaptado à situação. As recomposições religiosas e a ultramodernidade não concernem, então, somente ao indivíduo, mas também ao sistema social em termos ético e cultural.

Essa recarga social do religioso não significa um "retorno do religioso" qualquer, ele não põe um fim à secularização, nem à perda de domínio das instituições religiosas sobre a sociedade e sobre os indivíduos. Essas recargas sociais do religioso, características da ultramodernidade, tomam a forma, principalmente, de uma reabilitação cultural e pessoal do religioso – reabilitação, inclusive, relativa –, que se articula à uma secularização profunda da sociedade e dos indivíduos. Não se trata de um retorno do religioso como poder sobre os indivíduos e sobre a sociedade, mas de diversas recomposições da religião à beira das racionalidades dominantes que continuam a informar, principalmente, a produção da sociedade, ou seja, o processo permanente de sua criação através das práticas de seus atores e de seus organismos. Expressões religiosas carismáticas e fundamentalistas traduzem, na realidade, a dominação do religioso pela cultura secular, como ressalta Bryan Wilson.[45] A emoção religiosa pessoal ou a subcultura religiosa intransigente confirmam o isolamento social da religião na sociedade secularizada; ao mesmo tempo que permite sua expressão, esta última significa seus limites: não permitir que essas orientações religiosas questionem a racionalidade dominante das organizações modernas. Fica, contudo, a ideia de que a ultramodernidade se impõe, não como menos religiosa, mas como um religioso diferente. Essas outras figuras do religioso se manifestam, particularmente, em duas direções: por meio de mudanças no modo de se referir a uma verdade religiosa, por um lado; por meio

---

[45] Wilson, Culture and Religion, *Schweizerische Zeitschrift für Soziologie/Revue Suisse de Sociologie*, n.3, v.17, p.448.

das mutações no modo de viver socialmente o religioso, por outro. É na análise dessas recomposições ultramodernas do religioso que consiste a tarefa prioritária da sociologia contemporânea das religiões.

## Capítulo V
# Para uma definição sociológica da religião

Não existe nenhuma definição da religião que seja unanimidade entre os pesquisadores, mesmo porque alguns fizeram alusão até mesmo a uma "Torre de Babel" de definições.[1] Parece-nos difícil isolar totalmente a definição do religioso da análise feita desse fenômeno, pois as definições propostas refletem inevitavelmente as orientações das pesquisas de seus autores. Em contrapartida, como a religião se manifesta de um modo extremamente diversificado, uma definição deve procurar

---

[1] Lambert, La "tour de Babel" des définitions de la religion, *Social Compass*, n.1, v.38, p.73-85.

subsumir a variedade fenomenal do religio-so sob um mesmo conceito, ou seja, convir à análise das diferentes religiões existentes e não apresentar-se como unilateralmente dependente de uma religião determinada (o cristianismo, por exemplo). Existem religiões sem fundadores e sem magistério (o hinduísmo), religiões sem um Deus supremo e sem padres (o budismo), religiões sem crenças específicas e, principalmente, focadas em um ritual (a religião romana na Antiguidade). Com relação às religiões romanas, J. Scheid ressalta:

> Elas não reivindicavam nenhum ato de fé explícito e não praticavam, geralmente, nenhuma iniciação ou doutrina. O saber religioso e a "doutrina" se limitavam ao calendário litúrgico, aos rituais e ao modo de celebração tradicional.[2]

Como nos mostra L. Kapani ao referir--se ao hinduísmo, a própria distinção entre religioso e não religioso é problemática em algumas culturas:

---

[2] Ver Jacques; Scheid, *Rome et l'intégration de l'Empire, 44 av. J.-C. – 260 apr. J.-C: Les structures de l'Empire romain*, v.1, p.113.

O que eu chamo de hinduísmo (palavra criada pelos ingleses por volta dos anos 1830) não corresponde a uma área separada da vida social como é o caso da religião, atualmente, no Ocidente. O hinduísmo é essencial e indissoluvelmente um sistema sociorreligioso. A palavra retida em sânscrito, assim como em hindu, bengali etc., é darma, que significa mais precisamente o fundamento cósmico e social, a norma reguladora da vida, sem implicar uma contradição com a ideia de religião. Trata-se de uma lei imanente à natureza das coisas, inscrita ao mesmo tempo na sociedade e dentro de cada um de nós. Perguntar a um hindu: "Qual é sua religião?" seria o mesmo que perguntar-lhe: "Qual é seu *way of life?*"[3]

A própria dificuldade em traduzir a palavra "religião" em alguns idiomas mostra a necessidade de incluir, na reflexão sociológica sobre o religioso, uma investigação semântica histórica: o que nós entendemos por "religião" também é uma construção social que possui uma história. A etimologia do próprio termo, entre o *relegere* (retomar

---

[3] Kapani, Spécificités de la religion hindoue. In: Delumeau (org.), *Le fait religieux*, p.375.

com escrúpulo, coletar outra vez) de Cícero ou o *religare* (religar) de Lactâncio, é hesitante, mesmo se Benveniste tem certa tendência a usar a primeira, que permite, de acordo com a inspirada demonstração de H. Hatzfeld, definir a religião como uma "atividade simbólica tradicional". Em contrapartida, o termo "religião" ocupa um lugar em um universo semântico no qual ele se define com relação a outros termos (superstição, heresia, fé, crença...),[4] sendo que essas distinções exercem, na maior parte do tempo, a função de opor no religioso verdadeiro o que parece indigno de receber esse qualificativo (o próprio "religioso" podendo ser desqualificado em nome da "fé"). Existem, enfim, diversos pontos de vista disciplinares possíveis para definir o religioso: a definição sociológica que nos ocupa, aqui, não exclui outros olhares.[5]

---

[4] Sachot, religio/superstitio: historique d'une subversion et d'un retournement, *Revue de L'Histoire des Religions*, n.4, v.208, p.355-94.

[5] Por exemplo, o olhar do jurista que, mais que qualquer outro, não escapa à necessidade de ter uma definição operatória do religioso. Ver Messner, Peut-on définir juridiquement la religion? L'exemple de la République fédérale d'Allemagne, *L'Année canonique*, n.31, p.321-42.

De acordo com o privilégio que damos ao que a religião faz, às funções sociais que ela exerce, ou ao que ela é, ou seja, sua substância, chegamos a definições ditas funcionais ou substantivas das religiões. Esses dois registros de definições apresentam, cada um, vantagens e desvantagens, mas ao mesmo tempo não esgotam os questionamentos. Veremos, então, por que nos parece necessário ultrapassar essa oposição entre abordagens funcionais e substantivas das religiões.

## I – Definições funcionais

Na perspectiva da antropologia cultural, Clifford Geertz assim definiu a religião:

> Um sistema de símbolos que age de um modo tal, que suscita poderosas motivações e disposições no homem, profundas e duráveis, formulando concepções de ordem geral sobre a existência e fornecendo, a tais concepções, uma aparência de realidade fazendo com que essas motivações e disposições pareçam se apoiar somente no real.[6]

---

[6] Geertz, Religion as a Cultural System. In: Banton (org.), *Anthropological Approaches to the Study of Religion*, p.4.

Segundo essa abordagem, a religião é vista, principalmente, como um conjunto simbólico que fornece um sentido e permite aos indivíduos inscreverem eventos e experiências em uma determinada ordem do mundo. Apesar de apresentar um aspecto não empírico, essa suposta ordem do mundo é considerada pelos fiéis como extremamente real, como mais real que as próprias experiências seculares.

Outros vão ainda mais longe na determinação das funções exercidas pela religião. Ao definir a religião como "um sistema de crenças e práticas que permite a um grupo poder lutar contra os grandes problemas da vida humana", J. Milton Yinger[7] identifica tais funções às respostas que os homens dão quando questionam-se sobre a morte, o sofrimento, o sentido final da existência. As definições funcionais possuem um aspecto extensivo que permite apreender sob o termo "religião" fenômenos que não se apresentam como tal. Em outras palavras, essas definições permitem colocar em evidência as alternativas funcionais que se apresentam às religiões tradicionais, o fato de que

---

[7] Yinger, *The Scientific Study of Religion*, p.7.

outras instâncias, outros imaginários ocupem o lugar de tradições religiosas patenteadas para exercerem certas funções. Essa perspectiva incita ao questionamento sobre a existência de religiões de substituição que se constituíram no mundo político, esportivo ou da saúde.[8] É ali que se encontra sua operacionalidade e sua vantagem heurística. Mas uma definição tão vasta não corre o risco de dissolver seu objeto por extensão?

Will Herberg, em *Protestant, Catholic and Jew*, distingue a religião convencional – o que chamamos habitualmente de religião, ou seja, as religiões ditas "históricas" – da religião operatória, aquela que, efetivamente, exerce as funções reservadas à religião: fornecer à sociedade um conceito final de significação de integração à vida social e de validação das atividades sociais. A partir deste ponto, parece-nos fácil mostrar que as religiões históricas foram substituídas na realização de diversas funções sociais. Esse tipo de abordagem permite, convenientemente, articular uma teoria da secularização.

Thomas Luckman, cansado das insuficiências da *Kirchensoziologie* que costumava

---

[8] Ver capítulo III, item V.

reduzir a religião às religiões das Igrejas, preconizou, em seu livro *The Invisible Religion* [A religião invisível], uma definição funcional que equivaleria transformar a religião em uma constante antropológica universal vendo, nessa constante, "a transcendência da natureza biológica pelo indivíduo humano".[9] Religião invisível, religião difusa,[10] religiões de substituição, religiões analógicas... muitas expressões foram criadas para justificar o não esgotamento do religioso pela crise das grandes instituições ocidentais do crer (as Igrejas), sua persistência sob uma forma informal, desregulada, privatizada e individualizada ou sob novas formas.

Mesmo se essas funções variam entre uma ou outra religião e são dificilmente identificáveis de um modo geral, parece-nos contestável que algumas funções sociais tradicionalmente exercidas pelas religiões possam ser e são, de fato, assumidas por outras instâncias ou setores de atividade. A religião poderia, em último caso, não exercer mais nenhuma função social: seria, esta, uma razão para seu desaparecimento? O

---

[9]  Luckman, *The Invisible Religion*, p.49.

[10]  Cipriani, *La religione diffusa*.

erro consiste em reduzir o religioso às funções sociais que ele exerceria em uma determinada sociedade. Esse seria um modo utilitarista de apreender o religioso, como se pudéssemos reduzir os sistemas simbólicos a sua funcionalidade. Ora, o religioso é, talvez, o que excede toda funcionalidade, ao gerar a falta, a incerteza, a alteridade.

Se, nas sociedades comunistas, o religioso foi uma das únicas coisas que escapou ao poder totalitário, apesar dos inevitáveis compromissos e arranjos, essa constatação parece-nos indicar algo sobre a situação do religioso: que este seria, por definição, aquilo que escaparia ao domínio *totalizante* do político ou do econômico (mesmo sendo, também, sempre apreendido como um fenômeno político e econômico). Tanto na análise de todo sistema social como na análise da linguagem, deve-se deixar um espaço para a ambivalência, para o excesso, para a falta, para o trágico – em resumo, deve-se deixar um espaço para o simbólico em toda a sua densidade.

## II – Definições substantivas

Nas definições substantivas, ganhamos em compreensão o que perdemos em extensão. Um bom exemplo de definição substantiva da religião nos é fornecido por R. Robertson, que entende por "cultura religiosa":

> Um conjunto de crenças e símbolos (e de valores que derivam diretamente destes últimos) ligados a uma distinção entre uma realidade empírica e supraempírica, transcendente; as coisas do empírico sendo, contudo, subordinadas à significação do não empírico.[11]

Quanto a Melford Spiro, ele apreende o termo "instituição" como modelo de comportamentos e de crenças socialmente compartilhados, vendo na religião:

> Uma instituição que consiste em interações culturalmente modeladas que agem com seres supra-humanos culturalmente formulados.[12]

De um modo ou de outro, as definições substantivas da religião associam-na ao transcendente, ao supranatural; essa é a posição que interessa a B. Wilson. Contudo,

---

[11] Robertson, *The Sociological Interpretation of Religion*, p.47.
[12] Spiro, Religion: Problems of Definition and Explanation. In: Binton (org.), *Anthropological Approaches to the Study of Religion*, p.96.

elas mostram-se em harmonia com o uso social do termo "religião", pelo menos nas sociedades ocidentais. A outra vantagem que essas definições apresentam é permitir circunscrever seu objeto de um modo relativamente claro, afastando do religioso, de imediato, tudo o que não faz referência a uma ou outra forma de transcendência. Porém, tais definições não seriam frequentemente associadas, mesmo implicitamente, a uma ou várias religiões históricas determinadas? Nem todas as religiões são mantidas pela transcendência e existem, inclusive, religiões sem deuses. Por outro lado, podemos excluir, *a priori*, a hipótese de uma destranscendencialização das religiões na linha, por exemplo, das teologias cristãs que evocam a "morte de Deus". Uma definição substantiva do religioso, por apresentar o risco de imobilizá–lo em uma determinada forma, pode revelar-se impotente em considerar a mudança religiosa: as religiões se transformam, e esse mundo extremamente diversificado de práticas simbólicas que constitui o religioso passa por profundas mutações. O que compreendemos por "religião" em uma época pode ser totalmente diferente do que compreendemos por "religião" em outra.

Realidade supraempírica, transcendência, sobrenatural: esses termos, cujos conteúdos são problemáticos por terem sempre sido histórica e culturalmente definidos, marcam, assim, os limites da definição substantiva da religião. De um modo ou de outro, as definições substantivas assumem, sempre, o fato de querer determinar o que é e o que não é religioso a partir de certa visão do religioso, a maior parte do tempo no Ocidente. Ora, a extrema diversidade das formas religiosas, assim como as evoluções inéditas que o religioso pode vivenciar (ao considerar, por exemplo, orientações muito imanentistas), devem fazer que o observador mantenha-se muito prudente. Parece-nos, então, difícil definir sociologicamente a religião a partir de critérios estritamente substantivos.

## III – A religião como atividade social e como poder carismático

Distanciando-nos das abordagens substantivas e das abordagens funcionais da religião, propomos a concepção da religião como *uma atividade social regular que empre-*

## Sociologia das religiões

*ga representações e práticas relativas à vida e à morte, à felicidade e à infelicidade, associada a um poder carismático que se refere a entidades invisíveis.* "Um modo de agir em comunidade", dizia prudentemente Weber, no início da sociologia das religiões. Essa primeira referência, mesmo insuficiente, possui a notável vantagem de ressaltar, de imediato, duas coisas: que se trata de uma ação social e que essa ação se manifesta em comunidade. Para caracterizar mais precisamente tal ação social, podemos dizer que ela consiste *em uma comunicação simbólica regular por meio de ritos e crenças.* Ela se encontra no centro de todo sistema religioso. Uma religião se manifesta por meio de um culto, ou seja, de um dispositivo ritual e simbólico que reúne, diversa mas regularmente, atores que, por sua vez, estabelecem relações de formas variadas a esse dispositivo.

Essa comunicação simbólica regular emprega um carisma fundador (ou refundador), ou, em outras palavras, um poder que pretende se legitimar referindo-se a uma forma qualquer de entidade invisível. Esse poder se transmite de um modo ou de outro e instaura uma filiação. Em vez de referir-se a noções como "realidade supraempírica" ou "realidade transcendente", as quais são dificilmente aplicáveis a todos os universos religiosos e que parece-nos delicadas de se manipular sociologicamente, uma definição da religião deve poder apreender o que nos acostumamos a chamar "transcendência" ou "revelação" a partir da prática social que a manifesta: a emergência de um mestre religioso cuja autoridade é socialmente legitimada pelo carisma que nele reconhecemos. Se o carisma representa corretamente a emergência social de um poder pessoal, ele também representa a emergência de um poder *outro*, diferente tanto das regulações habituais do poder (institucionais ou tradicionais), quanto de seus interesses habituais (econômicos, políticos…): é justamente pelo fato de o carisma questionar a alteridade que ele representa um poder de ruptura e pode se afirmar como fundador. A religião, de um ponto de vista sociológico, representa um princípio de eficácia, mas um princípio de eficácia *social*, ou seja, os efeitos sociais de uma dominação carismática que se transmite.

Cada universo religioso escapa a seus fundadores e transmissores, estabelecendo um universo de rituais e de sinais submissos a qualquer tipo de interpretações e de usos, a diversas regulações institucionais e sociais. Se falamos de um carisma fundador ou *refundador*, é para ressaltar, precisamente, que a questão de sua origem é problemática: o processo pelo qual a fundação se efetua é sempre complexo, mas *existe fundação quando o carisma conduz, de um modo qualquer, a uma transmissão*. A religião envolve, então, um carisma fundador e uma filiação. Ela é uma comunicação simbólica regular exercida por meio de ritos e crenças que se referem a um carisma fundador e engendra um laço social. E, para avaliarmos a irredutibilidade específica desse laço social criado pela religião, o paradigma do dom parece-nos bastante apropriado. A religião se manifesta, de fato, como sugeriu C. Tarot, na interseção de três pontos que confrontam uma dimensão do dom: o vínculo longitudinal da linhagem com seus ascendentes e descendentes, o vínculo horizontal entre os irmãos na religião, esses dois vínculos articulando-se ao vínculo vertical, que se refere a uma alteridade. Partindo desse ponto, propomos considerar a religião sociologicamente como "um vínculo social articulado ao dom".[13]

---

[13] Willaime, La religion: un lien social articulé au don, *Qu'est-ce que le religieux?, Revue du Mauss*, n.22, p.247-68.

Existem diferentes maneiras de se referir a um carisma fundador e de se gerar o vínculo social na religião. Diversos elementos podem mediatizar essa relação, associados aos diferentes modos de constituí-la: a instituição, o rito, o sistema de crenças, os textos sagrados, os indivíduos crentes, as figuras carismáticas. Cada meio religioso se caracteriza, de fato, pelo privilégio, mais ou menos exclusivo, concedido a um ou a outro elemento na maneira de se referir ao carisma fundador e constituir o vínculo.

Um sistema religioso produz um vínculo social não somente ao suscitar redes e agrupamentos particulares (instituições, comunidades), mas também ao definir um universo mental por meio do qual os indivíduos e as coletividades expressam e vivem certa concepção do homem e do mundo em uma determinada sociedade. Em outras palavras, um universo religioso não se reduz às participações sociais que ele induz: uma sociologia das religiões seria muito pobre se, ao reduzir o estudo dos organismos religiosos e de seus membros, omitisse a inclusão do estudo das religiões no estudo das civilizações e das culturas. A transmissão do carisma produz não somente a organização, mas sedimenta, também, uma cultura.

A definição que propomos permite apreender um universo religioso e seus efeitos sociais no triplo nível dos atores, das organizações e das ideologias. No que diz respeito aos atores, pela insistência exercida sobre a atividade religiosa como atividade social ao relacionar indivíduos que, vinculados ao mundo simbólico, são confrontados à questão da legitimidade. No que diz respeito à organização, porque uma religião é um dispositivo que se instala a longo prazo e instaura procedimentos de funcionamento e de poder. No que diz respeito às ideologias, porque uma religião é um conjunto de representações e de práticas que são ditas, consignadas em textos e comentadas. Em cada um desses níveis introduz-se a questão do carisma: de sua racionalização ideológica, de sua gestão coletiva (no nível da organização) e de sua efetividade social (no nível dos atores). *Não existem religiões sem mestres em religião e a sociologia das religiões é, acima de tudo, o estudo dos efeitos sociais múltiplos dessa relação social singular*. Como Weber, que convida a não substancializar o Estado ao dizer que este conhece apenas os agentes do

Estado, o sociólogo das religiões não deve substancializar a religião: na verdade, ele conhece somente os atores que tecem certas relações entre si através do tempo e do espaço e que definem uma filiação vinculada a um carismático. Pierre Legendre substitui uma trilogia à univocidade do conceito de religião: a ritualidade, a filiação e a política.[14] O religioso possui, efetivamente, uma relação com o poder (questão de legitimidade), com a filiação (questão de transmissão) e, enfim, com a referência (questão de origem). A religião é uma atividade simbólica que articula essas questões. Ao falar de carisma e de sua transmissão, o sociólogo não diz nada além disso, mesmo se o afirma do seu próprio jeito. E se a religião parece-lhe constituir um fenômeno social inesgotável, é porque a domesticação do carisma é interminável: seja porque as tradições continuam a se expressar, seja porque outros profetas continuam a surgir.

---

[14] Legendre, Qu'est-ce donc que la religion?, *Le Débat*, n.66, p.40.

# Referências bibliográficas

AGADJANIAN, A. Les cultes orientaux et la nouvelle religiosité en Russie. *Revue d'études comparatives Est-Ouest*, v.24, n.3-4, set.-dez. 1993.

AHERN, G.; DAVIE, G. *Inner City God*. Londres: Hodder & Stoughton, 1987.

ANTOINE, A. *L'impensé de la démocratie*. Paris: Fayard, 2003.

ARKOUN, M. Entretien. *Revue Tiers Monde*, v.31, n.123, jul.-set. 1990.

ARMOGATHE, J.-R.; WILLAIME, J.-P. (Orgs.). *Les mutations contemporaines du religieux*. Turnhout: Brepols, 2003.

AUBIN, F. Chine: islam et christianisme au crépuscule du communisme. In: KEPEL, G. (Org.). *Les Politiques de Dieu*. Paris: Le Seuil, 1993.

AUGÉ, M. *Non-lieux. Introduction à une anthropologie de la surmodernité*. Paris: Le Seuil, 1992.

AZRIA, R. Intégrisme juif? ou la norme impossible. *Social Compass*, v.32, n.4, 1985.

_____.; HERVIEU-LEGER, D. (Orgs.). *Dictionnaire des faits religieux*. Paris: PUF, 2010.

BALANDIER, G. *Le Dédale*. Paris: Fayard, 1994.

BARKER, E. (Org.). *New Religions Movements*: A Perspective for Understanding Society. New York–Toronto: The Edwin Mellen Press, 1982.

_____. *New Religions Movements*: A Practical Introduction. Londres: Her Majesty's Stationery Office, 1989.

BAUBEROT, J. *Vers un nouveau pacte laïc?* Paris: Seuil, 1990.

_____.; BEGUIN, J. *Cent ans de sciences religieuses en France*. Paris: Le Cerf, 1987.

BECKFORD, J. A. (Org.). *New Religious Movements and Rapid Social Changes*. Londres-Paris: Sage Publications–Unesco, 1986.

_____. *Cult Controversies. The Societal Response to New Religions Movements*. Londres: Tavistock Publications, 1985.

_____. *Social Theory and Religion*. Cambridge: University Press, 2003.

_____. *The Trumpet of Prophecy. A Sociological Study of Jehovah's Witnesse*s. Oxford: Blackwell, 1975.

_____.; DEMERATH, N. J. (Orgs.). *The Sage Handbook of the Sociology of Religion*. Londres: Sage Publications, 2007.

BELLAH, N.; HAMMOND, P. E. *Varieties of Civil Religion*. San Francisco: Harper & Row Publishers, 1980.

BERGER, P. *La Religion dans la conscience moderne*. Paris: Le Centurion, 1971.

BERTHON, J.-P. Le shintô. Repères historiques et situation actuelle. In: DELUMEAU, J. (Org.). *Le Fait religieux*. Paris: Fayard, 1993.

BERTRAND, M. *Le Statut de la religion chez Marx et Engels*. Paris: Editions sociales, 1979.

BESNARD, P. *Protestantisme et capitalisme. La controverse postwébérienne*. Paris: Armand Colin, 1970.

BOBINEAU, O.; TANK-STORPER, S. *Sociologie des religions*. Paris: Armand Colin, 2007.

BONNET, S. *Sociologie politique et religieuse de la Lorraine*. Paris: Presses de la FNSP, 1972.

BOURDIEU, P. Le champ religieux dans le champ de la manipulation symbolique. In: VINCENT, G. (Org.). *Les Nouveaux Clercs*. Genebra: Labor et Fides, 1985.

BOVAY, C. L'influence de la religion dans la société suisse. In: CAMPICHE, R. J. *Croire en Suisse(s)*. Lausanne: L'Âge d'homme, 1992.

BROMBERGER, C. L'Olympique de Marseille, la Juve et le Torino. Variations ethnologiques sur l'engouement populaire pour les clubs et les matchs de football. *Esprit*, abr. 1987.

_____.; HAYOT, A.; MARIOTTINI, J.-M. Allez l'OM! Forza Juve. *Terrains*, n.8, *Carnets du patrimoine ethnologique*, abr. 1987.

BRUCE, S. *Religion in the Modern World*. Oxford: Oxford University Press, 1996.

_____.; WALLIS, R. Secularization: The orthodox model. In: BRUCE, S. (Org.). *Religion and Modernization*. Oxford: Clarendon Press, 1992.

BURGAT, F. *L'Islamisme au Maghreb*: la voix du Sud. Paris: Karthala, 1988.

CAMPICHE, R. J. *Croire en Suisse(s)*. Lausanne: L'Âge d'homme, 1992.

CAMPICHE, R. J. Individualisation du croire et recomposition de la religion. *Archives de sciences sociales des religions*, v.81, jan.-mar. 1993.

CAPLOW, T. *Tocqueville et la religion*. London: Sage, 1991.

CHAMPION, F.; HERVIEU-LEGER, D. (Orgs.). *De l'émotion en religion*, Paris: Centurion, 1990.

CHRISTIANO, K. J.; SWATOS JR., W. H.; KIVISTO, P. *Sociology of Religion. Contemporary Developments*. Walnut Creek: 2002.

CIPRIANI, R. *La Religione diffusa*. Roma: Borla, 1988.

CORTEN, R. Pentecôtisme et politique en Amérique Latine. *Problèmes d'Amérique latine*, n.24, jan.-mar. 1997.

COUTROT, A.; DREYFUS, F.-G. *Les Forces religieuses dans la société française*. Paris: Colin, 1965.

DAVIE, G. An ordinary God: The paradox of religion in contemporary Britain. *British Journal of Sociology*, v.41, n.3, 1990.

_____. *Europe*: the Exceptional Case. Parameters of Faith in the Modern World. Londres: Darton, Longman & Todd Ltd., 2002.

_____. *Religion in Britain since 1945*. Oxford: Blackwell, 1994.

_____. *The Sociology of Religion*. London: Sage Publications, 2007.

DAWSON, L. L. *Cults and New Religious Movements. A Reader*. Oxford: Blackwell Publishing, 2003.

DELUMEAU, J. *Le Fait religieux*. Paris: Fayard, 1993.

DESROCHE, H. *Marxisme et religions*. Paris: PUF, 1962.

_____. *Sociologie de l'espérance*. Paris: Calmann-Lévy, 1973.

DIANTEILL, E.; LÖWY, M. *Sociologies et religion. II. Approches dissidentes*. Paris: Puf, 2005.

DIANTEILL, E.; LÖWY, M. *Sociologies et religion. III. Approches insolites*. Paris: Puf, 2005.

_____.; _____. *Sociologies et religions. Approches dissidentes*. Paris: PUF, 2005

DOBBELAERE, K. *Secularization*: A Multi--Dimensional Concept. Londres: Sage Publications, 1981.

DONEGANI, J.-M. *La Liberté de choisir*: pluralisme religieux et pluralisme politique dans le catholicisme français contemporain. Paris: FNSP, 1993.

DUBACH, A. Tout bouge, il n'y a pas d'immobilité. In: CAMPICHE, R. J. *Croire en Suisse(s)*. Lausanne: L'Âge d'homme, 1992.

ESTRUCH, J. Sociology of religion in Spain. *Social Compass*, v.23, n.4, 1976.

EVANS-PRITCHARD, E. *Les Anthropologues face à l'histoire et à la religion*. Paris: PUF, 1974.

FATH, S. (Org.). *Le Protestantisme évangélique. Un christianisme de conversion. Entre ruptures et filiations*. Turnhout: Brepols, 2004.

_____. *Billy Graham, pape protestant?* Paris: Albin Michel, 2002.

_____. *Dieu bénisse l'Amérique. La religion de la Maison Blanche*. Paris: Le Seuil, 2004.

_____. *Du ghetto au réseau. Le protestantisme évangélique en France. 1800-2005*. Genebra: Labor et Fides, 2005.

_____. *Militants de la Bible aux États-Unis: évangéliques et fondamentalistes du Sud*. Paris: Autrement, 2004.

FILLOUX, J.-C. Personne et sacré chez Durkheim. *Archives des sciences sociales des religions*, 69, 1990.

FINKE, R. An unsecular America. In: BRUCE, S. (Org.). *Religion and Modernization. Sociologists and*

*Historians Debate the Secularization Thesis*. Oxford: Clarendon Press, 1992.

FRANÇOIS, E. *Protestants et catholiques en Allemagne. Identités et pluralisme. Augsbourg. 1648-1806*. Paris: Albin Michel, 1993.

FROIDEVAUX-METTERIE, C. *Politique et religion aux États-Unis*. Paris: La Découverte, 2009.

FUKUYAMA, Y. Groupes religieux et sociologiques aux États-Unis, *Christianisme social*, ano 71, n.9-12, 1963.

GEERTZ, C. Religion as a cultural system. In: BANTON, M. (Org.). *Anthropological Approaches to the Study of Religion*. Londres: Tavistock, 1966.

GENTILE, E. *Les religions de la politique. Entre démocraties et totalitarismes*. Paris: Seuil, 2005.

GIDDENS, A. *Les Conséquences de la modernité*. Paris: L'Harmattan, 1994. [Ed. bras.: *As consequências da modernidade*. São Paulo: Editora Unesp, 1991.]

GLOCK, C. Y. On the study of religious commitment. *Research Supplement, Religious Education*, v.57, n.4, 1962.

_____.; STARK, R. *Religion and Society in tension*. Chicago: Rand McNally, 1965.

GOUSSAULT, Y. Les frontières contestées du politique et du religieux dans le Tiers Monde. *Revue Tiers Monde*, v.31, n.123, jul.-set. 1990.

GUTWIRTH, J. Le suicide-massacre de Guyana et son contexte. *Archives de sciences sociales des religions*, v.47, n.2, abr.-jun. 1979.

HABERMAS, J. *Entre naturalisme et religion. Les défis de la démocratie*. Paris: Gallimard, 2008.

HAMMOND, P. E. (Org.). *The Sacred in a Secular Age*. Berkeley/Los Angeles/Londres: University of California Press, 1985.

HANF, T. Modernisierung ohne Säkularisierung? Versuch über religiös-politische Ideologien in der Dritten Welt. *Die Bedeutung der Ideologien in der heutigen Welt*. Köln/Berlin/Bonn/München: Carl Heymanns Verlag KG, 1986.

_____. The sacred marker: Religion, communalism and nationalism. *Social Compass*, v.41, n.1, 1994.

HEILBRON, J. Pionniers par défaut? Les débuts de la recherche au Centre d'études sociologiques (1946-1960). *Revue française de sociologie*, v.32, 1991.

HERAN, F. Le rite et la croyance. *Revue française de sociologie*, v.27-2, 1986.

HERVIEU-LEGER, D. *La Religion pour Mémoire*. Paris: Le Cerf, 1993.

_____. *Le Pèlerin et le Converti. La religion en mouvement*. Paris: Flammarion, 1999.

_____.; CHAMPION, F. La fin des praticants. In: _____.; CHAMPION, F. *Ver un nouveau christianisme?* Paris: Le Cerf, 1986.

_____.; WILLAIME, J.-P. *Sociologies et religion. Approches classiques*. Paris: PUF, 2001.

HIRSCHHORN, M. *Max Weber et la sociologie française*. Paris: L'Harmattan, 1988.

HUBERT, H.; MAUSS, M. Introduction à l'analyse de quelques phénomènes religieux (1906). In: KARADY, V. *M. Mauss, Œuvres I*: Les fonctions du sacré. Paris: Minuit, 1968.

ISAMBERT, F.-A. Henri Hubert e o tempo sagrado. In: _____. *De la religion à l'éthique*. Paris: Le Cerf, 1992.

_____. La sécularisation interne du christianisme. *Revue française de sociologie*, v.17, n.4, 1976.

_____. *Le Sens du sacré. Fête et religion populaire*. Paris: Minuit, 1982.

JACQUES, F.; SCHEID, J. *Rome et l'intégration de l'Empire, 44 av. J.-C.-260 apr. J.-C*. t.1: *Les structures de l'Empire romain*. Paris: PUF, Nouvelle Clio, 1990.

KAPANI, L. Spécificités de la religion hindoue. In: DELUMEAU, J. (Org.). *Le Fait religieux*. Paris: Fayard, 1993.

KARADY, V. (Org.). *M. Mauss, Œuvres I*: Les fonctions du sacré. Paris: Minuit, 1968.

KEPEL, G. (Org.). *Les Politiques de Dieu*. Paris: Le Seuil, 1993.

_____. *Les Banlieues de l'Islam. Naissance d'une religion en France*. Paris: Le Seuil, 1987.

KHOSROKHAVAR, F. *L'Islamisme et la Mort. Le martyr révolutionnaire en Iran*. Paris: L'Harmattan, 1995.

KLEGER, H.; MÜLLER, A. (Orgs.). *Religion des Bürgers. Zivilreligion in Amerika und Europa*. München: Chr. Kaiser, 1986.

KRÜGGELER, M. Les îles des Bienheureux. Les croyances religieuses en Suisse. In: CAMPICHE, R. J. *Croire en Suisse(s)*. Lausanne: L'Âge d'homme, 1992.

LAMBERT, Y. *Dieu change en Bretagne*. Paris: Le Cerf, 1985.

_____. La "tour de Babel" des définitions de la religion. *Social Compass*, v.38, n.1, 1991.

_____. Le rôle dévolu à la religion par les Européens. *Sociétés contemporaines*, n.37, 2000.

_____.; MICHELAT, G. (Orgs.). *Crépuscule des religions chez les jeunes? Jeunes et religions en France*. Paris: L'Harmattan, 1992.

LAMBERT, Y.; MICHELAT, G.; PIETTE, A. (Orgs.). *Le religieux des sociologues. Trajectoires personnelles et débats scientifiques*. Paris: L'Harmattan, 1997.

LAMINE, A.-S. *La cohabitation des dieux. Pluralité religieuse et laïcité*. Paris: Puf, 2004.

## Sociologia das religiões

LE BRAS, G. *Études de sociologie religieuse, t.I*: Sociologie de la pratique religieuse dans les campagnes françaises. Paris: PUF, 1955.

_____. *Études de sociologie religieuse, t.II*: De la morphologie à la typologie. Paris: PUF, 1956.

LEGENDRE, P. Qu'est-ce donc que la religion? *Le Débat*, n.66, set.-out. 1991.

LEMIEUX, R. Les croyances: nébuleuse ou univers organisé. In: LEMIEUX, R.; MILOT, M. (Orgs.). *Les Croyances des Québécois. Esquisses pour une approche empirique*. Quebec: Universidade Laval, 1992.

LÉONARD, E.-G. Les conditions de la sociologie protestante en France. *Archives de sociologie des religions*, v.8, 1959.

LÖWY, M. *Rédemption et utopie. Le judaïsme libertaire en Europe centrale*. Paris: PUF, 1988.

LUCA, V. N. *Les Sectes*. Paris: PUF, 2004.

LYOTARD, J.-F. *Le Postmoderne expliqué aux enfants*. Paris: Galilée, 1988.

MARTIN, D. *Pentecostalism*: The World their Parish. Oxford: Blackwell, 2002.

_____. Towards eliminating the concept of secularization. In: MARTIN, D. *The Religious and the Secular*: Studies in Secularization. Londres: Routledge & Kegan Paul, 1969.

MARTY, M. E.; APPLEBY, R. S. (Orgs.). *Fundamentalismus Observed*. Chicago: The Univesity of Chicago Press, 1991.

MCGUIRE, M. B. Religion and healing. In: HAMMOND, P. E. (Org.). *The Sacrade in a Secular Age*. California: University of California Press, 1985.

_____. *Religion*: The Social Context. 5.ed. Belmont: Wadsworth Publishing Company, 2002.

MCGUIRE, M. B. *La Religion civile américaine. De Reagan à Obama*. Rennes: Presses universitaires de Rennes, 2009.

MERTON, R. K. *Éléments de théorie et de méthode sociologique*. Trad. H. Mendras. Brionne: Gérard Monfort, 1965.

MESLIN, M. (Org.). *Maître et disciples dans les traditions religieuses*. Paris: Le Cerf, 1990.

MESSNER, F. Peut-on définir juridiquement la religion? L'exemple de la République féneérale d'Allemagne. *L'Année canonique*, 31, 1988.

MICHEL, P. *La Société retrouvée. Politique et religion dans l'Europe soviétisée*. Paris: Le Seuil, 1988.

MICHELAT, G. L'identité catholique des Français, I: Les dimensions de la religiosité. *Revue française de sociologie*, v.31-3, 1990.

MILOT, M. Typologie de l'organisation des systèmes de croyances. In: LEMIEUX, R.; MILOT, M. (Orgs.). *Les Croyances des Québécois. Esquisses pour une approche empirique*. Quebec: Universidade Laval, 1992.

_____.; PORTIER, P.; WILLAIME, J.-P. *Pluralisme religieux et Citoyenneté*. Rennes: Presses Universitaires de Rennes, 2010.

MOTTA, R. Ethnicité, nationalité et syncrétisme dans les religions populaires brésiliennes. *Social Compass*, v.41, n.1, 1994.

MULLINS, M. R.; SUSUITIU, S.; SWANSON, P. L. *Religion and Society in Modern Japan*. Berkeley: Asian Humanities Press, 1993.

NISBET, R.A. *La Tradition sociologique*. Paris: PUF, 1984.

PALMER, D. *La Fièvre du gigong. Guérison, religion et politique en Chine, 1949-1999*. Paris: EHESS, 2005.

PATLAGEAN, E.; BRUCE, S. *Fundamentalism*. Cambridge: Polity Press, 2000.

PERROT, M.-D.; RIST, G.; SABELLI, F. *La Mythologie programmée. L'économie des croyances dans la société moderne*. Paris: PUF, 1992.

PIETTE, A. Les religiosités séculières: une hybridité exemplaire pour l'anthropologie du religieux. *Social Compass*, v.41, n.4, 1994.

PORTELLI, H. *Gramsci et la question religieuse*. Paris: Anthropos, 1974.

POUCHELLE, M.-C. Les faits qui couvent, ou Claude François à contre-mort. *Social Compass*, v.41, n.4, 1994.

_____. Sentiments religieux et show-business: Claude François, objet de dévotion populaire. In: SCHMITT, J.-C. *Les Saints et les Stars*. Paris: Beauchesne, 1983.

POULAT, É. *Église contre bourgeoisie*. Paris: Casterman, 1977.

_____. La CISR de la fondation à la mutation: réflexions sur une trajectoire et ses enjeux. *Social Compass*, v.37, n.1, mar. 1990.

_____. La querelle de l'intégrisme en France. *Social Compass*, v.32, n.4, 1985.

_____. Le Groupe de sociologie des religions. Quinze ans de vie et de travail (1954-1969). *Archives de sociologie des religions*, n.28, jul.-dez., 1969.

_____. *Liberté, Laïcité. La guerre des deux France et le principe de la modernité*. Paris: Le Cerf-Cujas, 1987.

RICHARD, G. L'athéisme dogmatique en sociologie religieuse. *Revue d'histoire et de philosophie religieuse*, n.2-3, 1923.

ROBERTSON, R. *The Sociological Interpretation of Religion*. New York: Schocken, 1970.

ROOZEN, D. A.; CARROLL, J. W.; ROOF, W. C. La Génération née après guerre et la religion instituée. Un aperçu de cinquante ans de changement religieux aux États-Unis. *Archives de sciences sociales des religions*, n.83-84, 1993.

SACHOT, M. RELIGIO/SUPERSTITIO. Historique d'une subversion et d'un retournement. *Revue de l'histoire des religions*, v.208, n.4, 1991.

SCHMITT, K. Groupements confessionnels et groupements politiques. In: _____. *France-Allemagne. Églises et société du concile Vatican II à nos jours*. Paris: Beauchesne, 1988.

SCHNAPPER, D. Le sens de l'ethnico-religieux. *Archives des sciences sociales des religions*, v.81, jan.-mar. 1993.

SÉGUY, J. Aux enfances de la sociologie des religion: Georg Simmel. *Archives de sociologie des religions*, ano 9, n.17, jan.-jun. 1964.

_____. *Christianisme et société*. Paris: Le Cerf, 1980.

SIMMEL, G. Problèmes de la sociologie des religions. *Archives de sociologie des religions*, ano 9, n.17, jan.-jun. 1964.

SMALL, A. W. Fifty years of sociology in the United States (1865-1915). *American Journal of Sociology*, 21, 1916.

SMITH, R. J. *Ancestor Worship in Contemporary Japan*. Stanford: Stanford University Press, 1974.

SPIRO, M. Religion: Problems of definition and explanation. In: BINTON, M. (Org.). *Anthropological Approaches to the Study of Religion.* Londres: Tavistock, 1966.

SUTTER, J. *La Vie religieuse des Français à travers les sondages d'opinion (1944-1976)*. Paris: CNRS, 1984.

TSCHANNEN, O. *Les Théories de la sécularisation*. Genebra-Paris: Librairie Droz, 1992.

WACH, J. *Sociologie de la religion*. Paris: Payot, 1995.

WATIER, P. (Org.). *Sociétés*, n.43, 1994.

_____. *Georg Simmel sociologue*. Belval: Circé, 2003.

WEBER, M. *Confucianisme et taoïsme*. Trad. C. Colliot--Thélène e J.-P. Grossein. Paris: Gallimard, 2000.

_____. *Économie et société*, v.1, 1921. [Paris: Plon, 1971.]

_____. *L'éthique protestante et l'esprit du capitalisme suivi d'autres essais*. Trad. J.-P. Grossein. Paris: Gallimard, 2003.

_____. *Le Judaïsme antique*. Trad. F. Raphaël. Paris: Plon, 1970.

_____. *Sociologie des religions*. Trad. J.-P. Grossein. Paris: Gallimard, 1996.

WILLAIME, J.-P. Etat, éthique et religion. *Cahiers internacionaux de sociologie*, v.38, 1990.

_____. *Europe et religions. Les enjeux du XXIè siècle*. Paris: Fayard, 2004.

_____. *La précarité protestante. Sociologie du protestantisme contemporain*. Genebra: Labor et Fides, 1992.

_____. La relégation superstructurelle des références culturelles. Essai sur le champ religieux dans les sociétés capitalistes postindustrielles. *Social Compass*, v.31, 1997.

_____. La religion civile à la française et ses métamorphoses. *Social Compass*, v.40, n.4, 1993.

_____. La religion: un lien social articulé au don. *Qu'est-ce que le religieux? Revue du MAUSS semestrielle*, n.22, jul.-dez. 2003.

_____. La sécularisation: une exception européenne? Retour sur un concept et sa discussion en sociologie des religions. *Revue française de sociologie*, v.47, n.4, 2006.

WILLAIME, J.-P. *Profession*: pasteur. Genebra: Labor et Fides, 1986.

_____. *Vers de nouveaux oecuménismes. Les paradoxes contemporains de l'oecuménisme*: recherches d'unité et quêtes d'identité. Paris: Le Cerf, 1989.

_____. Les apports de la sociologie à l'étude du protestantisme français contemporain. *Bulletin de la Société de l'histoire du protestantisme français*, v.148, out.-nov.-dez. 2002.

WILSON, B. Aspects of secularization in the West. *Japanese Journal of Religious Studies*, v.3, 1976.

_____. *Contemporary Transformations of Religion*. Oxford: Clarendon Press, 1976.

_____. Culture and religion. *Schweizerische Zeitschrift für Soziologie. Revue Suisse de sociologie*, v.17, n.3, 1991.

_____. Reflections on a many sided controversy. In: BRUCE, S. (Org.). *Religion and Modernization*. Oxford: Clarendon Press, 1992.

_____. *Religion in Secular Society*. Londres: Watts, 1966.

_____. *Religion in Sociological Perspective*. Oxford: Oxford University Press, 1982.

_____. *The Social Dimensions of Sectarianism*: Sects and New Religious Movements in Contemporary Society. Oxford: Clarendon Press, 1990.

YINGER, J. M. *Religion, Society and the Individual*. New York: Macmillan, 1957.

_____. *The Scientific Study of Religion*. Nova York: Macmillan, 1970.

SOBRE O LIVRO

*Formato*: 12 x 21 cm
*Mancha*: 19 x 39,5 paicas
*Tipografia*: Iowan Old Style 12/17
*Papel*: Pólen 80 g/m$^2$ (miolo)
Cartão Supremo 250 g/m$^2$ (capa)
*1ª edição*: 2012

EQUIPE DE REALIZAÇÃO

*Assistência Editorial*
Alberto Bononi

*Edição de Texto*
Silvio Nardo (Copidesque)
Frederico Ventura (Revisão)

*Editoração Eletrônica*
Estúdio Bogari

*Capa*
Estúdio Bogari

Impressão e Acabamento

(011) 4393-2911